KB158794

오늘부터 쓰면 된다

시작하기에 가장 완벽한 곳은
바로 지금 당신이 있는 그곳이다.

— Dieter. F. Uchtdorf

오늘부터 쓰면 된다

초판 1쇄 인쇄 2020년 6월 1일
초판 1쇄 발행 2020년 6월 10일

지은이 유인창

펴낸이 김찬희
펴낸곳 끌리는책

출판등록 신고번호 제25100-2011-000073호
주소 서울시 구로구 디지털로 31길 20 에이스테크노타워5차 1005호
전화 영업부 (02)335-6936 편집부 (02)2060-5821
팩스 (02)335-0550

이메일 happybookpub@gmail.com
페이스북 happybookpub
블로그 blog.naver.com/happybookpub
포스트 post.naver.com/happybookpub
스토어 smartstore.naver.com/happybookpub

ISBN 979-11-87059-59-2 03190
값 13,800원

첫 문장부터 책 한 권까지 독학 글쓰기

오늘부터 쓰면 된다

유인창 지음

끌리는책

글쓰기는 혼자 해내는 일

어떻게 하면 잘 쓸까.

글쓰기를 할 때 당신도 이런 생각이 앞설지 모른다. 어떤 글을 쓰고 싶기에 그렇게 잘 쓰려 하는가. 역사에 길이 남을 문학? 세상이 감동할 에세이? 아니다. 우리가 쓰는 글은 그렇지 않다. 하고 싶은 말을 쉽게 풀어내는 글 한 꼭지다. 그런데도 잘 써야 한다는 강박에 사로잡힐 이유가 있을까. 강박의 결과는 늪이다. 잘 써야 한다는 강박의 늪을 헤매다 글쓰기를 포기한다. 재능에 한탄하고 세상의 잘 쓴 글을 질시한다.

너무 애쓰지 말자. 우리가 쓰고 싶은 글은 자신이 하고 싶은 말을 잘 표현하는 글쓰다. 쉬운 글쓰기, 편안한 글쓰기여야 한다. 그래야 한 줄이라도 더 이어나가고 10분이라도 더 눌러앉아 쓸 수 있다. 내 이야기를 글로 쓰는 데 필요한 건 대단한 비법이 아니라 기본기다.

이 책은 글쓰기의 기본기에 관한 책이다. 하루아침에 글 실력이 늘어나는 비법 같은 것은 이 책에 없다. 그런 비법은 아마 세상 어디에도 없을 것이다. 있다고 해도 어디 있는지 모를 비법보다 손 뻗으면 내 것이 되는 기본기가 더 낫다. 나만의 작은 기술이 글을 더 쓰기 쉽게 만들어준다. 기술은 누가 나에게 선물로 주지 못한다. 준다고 해도 스스로 익히는 시간을 가져야 한다. '기술은 내 손과 마음의 느낌으로 만들어지는 것이지 누가 알려준다고 내 것이 되지 않는다. 그래서 아들에게도 물려줄 수가 없다. 각자의 것을 지닐 뿐이다.' 동양 고전 장자의 예화, 평생 수레바퀴를 만든 노인의 지혜다. 글쓰기 기술도 다르지 않다. 나만의 기본기를 하나씩 익혀야 한다. 그것도 혼자 익혀야 한다. 글은 철저히 혼자 해내는 일이다. 같은 주제로 글을 써도 온 세상 사람들이 모두 다르게 쓴다. 쓰는 방식도 내용도 전혀 다르다. 그 다름이 자기 글의 특유성이다. 글도 글 쓰는 사람도 혼자일 수밖에 없다.

글을 쓴다는 건 읽는 사람에게 나의 메시지를 전달하는 일이다. 훌륭한 문장을 구사하면 더 좋겠지만 그렇지 않다고 문제가 되지는 않는다. 쉽게 읽히고, 읽는 사람에게 메시지가 잘 전달되면 잘 쓴 글이다. 마음을 담은 에세이, 회사의 보고서, 연애편지, 보도자료, 블로그의 글…. 어떤 글이든 메시지가 명료하게 전달되면 목적을 이룬 것이다. 머리를 쥐어짜며 잘 쓰려 끙끙대지 말고 나의 메시지를 잘 전달하면 된다.

오랫동안 다른 사람의 글을 읽고 그 속에 담긴 메시지를 또 다른 사람에게 전달하는 일을 했다. 매일 되풀이하는 일 속에서 눈에 들어오는 게 있었다. '이렇게 쓰니 내용을 알기 쉽구나', '이 글은 무슨 소리인지 잘 모르겠네', '이 문장은 너무 복잡해', 그렇게 배우고 알게 된 것들이 글쓰기에 도움이 될 수 있겠다는 생각이 들었다. 너무 당연해서 누구도 신경 쓰지 않는 것들, 실질적이고 구체적인 기본기를 이 책에 담았다. 모든 일은 기본이 가장 중요하다. 글쓰기 역시 기본만 잘 갖춰도 좋은 글이 된다. 잘 쓰겠다는 욕심만 버리면 메시지를 잘 전달하는 글쓰기는 생각보다 쉽다.

4장 좋은 문장, 좋은 글, 좋은 표현은?

5장 보고 또 봐야 잘 읽힌다

1장

오늘부터 쓰면 된다

누구나 하고 싶은 말이 있다

"아이 캔 스피크(I Can Speak)."

시장에서 옷 수선집을 꾸리며 살아가는 옥분 할머니. 그는 구청에 8000건이라는 엄청난 민원을 넣어 악명이 높다. 그뿐 아니라 할머니가 왜 저러나 싶을 정도로 기를 쓰고 영어를 배운다. 다 늙어서 영어라니. 영화 〈아이 캔 스피크〉에서 나문희가 연기한 옥분 할머니는 이해하기 힘들 정도로 특이하다. 영화가 조금씩 이야기를 펼쳐내면서 관객은 그 이유를 알게 된다. 일본군 위안부로 끌려갔던 아픔. 누구에게도 말하지 못하고 꼭꼭 숨겨왔던 아픔을 미국에서 증언하기 위해 할머니는 영어를 배운다. 우여곡절 끝에 미국 의회 의사당에 선할머니는 연설을 시작한다. "아이 캔 스피크." 평생 꼭 하고 싶었던 말이 있었다. 꾹꾹 눌러두었지만 언젠가는 터져 나올 말이었다. 그 말을 토한다. 답답하게 묻어놓았던 가슴속에서 세상으로 쏟아져 나오는 말. 할머니의 말은 관객의 가슴에 내려앉고, 아픔은 관객의 눈물이 된다.

옥분 할머니가 영어를 배우고 싶었던 이유는 하나다. 꼭 할 말이 있었기 때문이다. 누군가 글을 쓰고 싶은 이유도 하고 싶은 말이 있기 때문이다. 그 글은 다양한 모습을 하고 있다. 누군가에게 글은 넋두리이고, 누군가에게는 외침일 수도 있다. 때로는 설득이고 때로는 분노다. 누군가를 향한 속삭임도 있고 대중을 향한 메시지도 있다. 속으로 쌓고 쌓아온 무언가가 불현듯 터져 나오는 것이기도 하다. 글을 쓴다는 건 무언가 할 말이 있다는 거다. 펜을 잡아 짧은 메모를 쓰는 것도, 컴퓨터 자판을 두드리며 긴 글을 쓰는 것도 마찬가지다. 그렇게 글쓰기를 시작할 때 누가 듣고 안 듣고는 아무런 상관이 없다. 어찌되었든 말해야 하니까. 더는 담아두지 못할 이 말을 꼭 해야 하니까. 글은 그래서 말이기도 하다.

누구나 하고 싶은 말이 있다. 때로는 차근차근 이야기하고 싶고, 때로는 소리치듯 말하고 싶을 때도 있다. 그렇다면 말을 해야 한다. 그런데 할 말을 다 하고 사는 게 어디 쉽던가.

사람들의 마음속을 헤집어보면 하고 싶은 말들이 산처럼 쌓여 있다. 숱하게 숨어 있는 그 말들을 끄집어내면 어떨까. 아니 분명히 끄집어내야 한다. 쌓아놓고 살기에는 속이 너무 답답하다. 그대로 묻어놓고 세상과 이별하기엔 좀 억울하다.

말로 하지 못한 이야기가 있다면 글로 풀어내면 된다. 글은 곧 말이고, 말은 좋은 글이 될 수 있으니까. 내 인생을 향한 안타까움이 글이 된다. 나의 아픔을 보듬는 마음이 글이 된다. 사회를 향한 외침을 글로 소리 질러보기도 한다. 데면데면 대하는 자식에게 입으로 못했던 말들을 풀어내면 누가 보아도 훌륭한 글이 된다. 배우자에게 하고 싶었던 마음속 말은 시가 될 수도 있다. 언젠가 죽음이 다가오기 전에 하고 싶은 말을 한 번쯤은 해봐야 하지 않을까.

나는 하고 싶은 말이 있어서 글을 썼다. 그 글로 책을 냈다. 이 책을 읽는 당신도 하고 싶은 말이 있는가. 있다면 해야 한다. 쓰고 싶은 이야기가 있는가. 있으면 써야 한다. 흔히들 글을 쓰려 하지만 잘 써지지 않는다고 한다. 잘 안 써지는 그 상태가 사실은 정상이다. 그래도, 그렇게, 계속 쓰는 게 글이다. 옥분 할머니의 말문이 터지듯, 익숙해질 수 없는 영어가 쏟아져 나오는 것처럼 글도 언젠가는 매끄럽게 풀려나갈 것이다.

잘 써지지 않는다고 고민할 필요는 없다. 우선 당장의 목적은 글을 잘 써내는 게 아니다. 하고 싶은 말을 써내는 게 가장 먼저다. 누구나 쓸 수 있다. 당신도 쓸 수 있다. 할 말이 있으니까. 할 말이 있는 사람은 누구나 쓸 수 있다. 이 글을 쓰는 나 역시 할 말이 있다. 당신에게 이렇게.

"유 캔 스피크(You Can Speak)."

한 명의 독자에게

하고 싶은 이야기가 목까지 차오르면 사람들은 글을 쓰고 싶어 한다. 더 올라가 머리까지 꽉 채우면 책을 써야겠다는 생각도 한다. 글쓰기를 하겠다고 결심했으니 마음을 다잡고 책상 앞에 앉는다. 노트를 펼치고 펜을 들거나 노트북을 켜고 자판에 손을 올린다. 커피도 한 잔 가져다놓고 이런저런 생각을 한다. 지난 기억을 되살리거나 적어놓은 메모를 뒤적거린다. 그런데 의외로 글이 써지지 않는다. 한 줄, 두 줄, 세 줄, 길어야 한 문단. 머리는 터질 듯하고 글은 나가지 않고 제자리를 맴돈다. 절망스럽고 짜증도 나겠지만 글쓰기가 그렇다. 막힘없이 쭉쭉 써지면 글쓰기를 어렵다고 할 사람이 없을 테니까.

그렇게 글이 나가지 않을 땐 글을 쓴다고 생각하지 말고 말을 한다고 생각하면 어떨까. 평소에 하는 말을 그대로 글로 옮긴다고 생각하며 쓰는 것이다. 또 하나, 그 말을 들을 어떤 사람을 정한다. 그 사람은 내가 쓴 글을 읽을 가상의 독자다. 그 독자는 딱 한 사람이어야 한다. 둘도 안 되고 여럿은 더욱 안 된다. 독자는 구체적일수록 좋다. 일상의 글쓰기를 하는 주부라면 친한 친구가 적당하다. 친구에게 부담 없는 수다를 떤다 생각하고 글을 쓰면 된다. 자식에게 해주고 싶은 말을 글로 쓰는 부모라면, 자식 중 한 사람을 독자로 설정하면 좋다. 그 자식에게 편하게 말을 건네듯이 써내려간다. 에세이를 쓴다면 그 에세이를 읽어주었으면 하는 누군가를 독자로 설정하면 되겠다. 이렇게 구체적인 독자가 있으면 할 말도 구체적으로 떠오른다. 하고 싶은 그 말을 그 사람에게 직접 하듯 글로 쓰면 막히던 부분도 쉽게 풀려나온다.

책 쓰기를 하는 사람들은 자주 혼란에 빠진다. 책 한 권 분량의 글을 써낸다는 건 그리 쉬운 일이 아니다. 쓰다 보면 지치고 이야깃거리는 눈 한 번 깜빡이면 금세 말라버린다. 그럴 때는 벽을 마주한 것처럼 글이 막힌다. 특히 처음 책을 쓰는 사람은 더 막막할 수밖에 없다. 삽 하나로 산을 옮기는 기분이 그렇지 않을까. 글자 하나하나를 채워 책 한 권을 쓴다는 게 가능한 일인지 의문이 든다. 그럴 때 유용한 해결책이 한 명의 구체적인 독자를 정하는 일이다. 직장생활에 관한 글이라면 후배 직원 중 한 사람을 마음으로 정해서 독자로 삼는다. 나이 들며 느끼는 삶의 애환을 글로 쓴다면 말이 잘 통하는 친구가 좋은 독자다. 전문 분야의 글이라면 업계에서 일하다 만난 누군가로 정하면 좋을 것이다. 별것 아닌 것 같지만 책을 쓰는 사람들은 글이 막힐 때 이런 해결책을 택한다. 거의 공인된 효과를 인정받고 있는 방법이다. 구체적 인물을 독자로 설정하기, 하고 싶은 말을 건네기, 그 말들을 글로 바꾸기. 이 3단계가 막힌 글의 돌파구를 찾아줄 때가 많다.

글을 써보고 싶은데 글이 잘 써지지 않는다고 능력을 탓할 일은 아니다. 능력은 사실 아주 큰 차이가 나지 않는다. 머리를 쥐어뜯을 일도 아니다. 내 머리가 나쁜 게 아닐까 하는 위험한 생각을 할 필요는 없다. 글이라는 게 그런 것일 뿐 머리는 죄가 없다. 길이 막히면 돌아가는 법을 찾으면 된다. 한 명의 구체적인 가상 독자를 정하는 것. 그 간단한 방법만으로도 글쓰기가 조금은 수월해질 수 있다. 하고 싶은 이야기가 자꾸 쌓이고, 그 이야기를 글로 쓰고 싶다면, 특정한 누군가에게 수다 떨듯 써보자.

지금이 아니면 언제

밥을 한입 씹는데 슬그머니 눈물이 고인다. 입 속의 밥, 눈 속의 눈물. 친구의 빈소에서 밥을 먹다 마주친 상황은 그랬다. 시한부 진단을 받고 투병 생활을 하면서도 항상 건강해 보였던 친구였다. 덩치도 컸고 체력도 좋아서 어떤 힘든 일도 마다하지 않고 해내곤 했다. 항암치료를 받으러 다니면서도 지게차 면허시험을 봤다. "회사에 지게차 다룰 사람이 없어서 말이야." 한자 자격증도 땄다. 그것도 특급. 평생 한 번이라도 쓸 일은 고사하고 볼 일도 없을 한자를 기를 쓰고 공부하더니 자격증을 따냈다. "언젠가 쓸 일이 있을지 모르잖아." 씩 웃곤 하던 얼굴이 떠오른다. 봄이 더 깊어지면 찾아봐야겠다고 생각했는데 봄이 시작할 때 빈소에서 만나게 될 줄은 몰랐다. 사람의 다짐은 그래서 허망하다. 아닌 걸 알면서 모든 게 생각대로 될 것처럼 살아간다.

친구는 세상을 뜨기 2년 전에 신춘문예에 당선되면서 시인이 됐다. 오래전부터 시를 썼고 시집도 냈지만, 그래도 신춘문예 당선을 꿈꿨다. 꼭 당선되고 싶다고 말하곤 했다. 세 번 네 번을 떨어졌을 때 주변에서 말했다. "그게 뭐 중요해? 이미 시를 쓰고 있는데." 친구는 달랐다. "이건 내 꿈이야. 이뤄보고 싶어." 신춘문예 당선 통지를 받아들고 전화를 걸어왔다. 주저리주저리 당선되기까지의 이야기를 늘어놓느라 한 시간이 넘는 통화가 이어졌다. 그리고 바로 며칠 뒤 암 통지를 받았다. 다시 한 시간의 통화. 왜 이렇게 되었는지 알 것도 같다며 병원에서 긍정적인 말을 했다고 전했다. 그래도 기쁜 마음을 억누르지 않았다. 신춘문예 당선 뒤에 원고 청탁이 들어오고 시를 쓸 수 있다는 걸 즐거워했다. 시집 한 권을 더 내는 새로운 꿈도 꾸었다. 친구는 그렇게 원하던 시인으로 살다 떠났다. 몸이 받쳐줄 때까지 시 쓰기를 멈추지 않았다.

글을 쓰고 싶은 사람은 세상에 많다. 그 글은 시일 수도 있고 소설일 수도 있고 실용적 글쓰기일 수도 있다. 재주가 부족해서 못 쓰는 사람도 있다. 그러나 가능성이 충분한데 안 쓰는 사람도 있다. 그런 사람들은 항상 '지금은 아니야'라고 생각한다. 지금은 바쁘니까, 지금은 글감이 마땅치 않아서, 지금은 자료가 부족하니까. 미루고 또 미룬다. 세상일은 항상 생각대로 되지 않는다. 깊어진 봄에 친구를 만나보려 하다 이른 봄에 빈소를 찾아야 하는 것처럼….

떠난 친구는 그날그날 쓰고 싶은 걸 썼다. 농사일 하면서도 썼고, 고된 공장일을 마치고 나서도 썼고, 투병하면서도 썼다. 완성되지 않은 글도 있었을 것이다. 아름다운 글도 있었겠지. 중요한 건 모든 날에 쓰고 싶은 게 있으면 썼다는 거다. 내일이 아니라 오늘, 두 줄이 안 되면 한 줄이라도 썼다. '지금이 아니라면 언제.' 그는 그렇게 쓰고 또 썼다.

진정 글을 쓰고 싶은가? 정말 무언가를 쓰고 싶은가? 내 이름으로 책 한 권을 내보는 게 꿈인가? 그렇다면 내일을 약속하지 말아야 한다. 다음 달을, 내년을 약속하지 않아야 하는 건 물론이다. 누구도 약속할 수 없는 게 미래다. 내일조차 우리의 것이 아니다.

쓰고 싶은 글이 있다면 내일 한 꼭지가 아니라 오늘 한 줄을 쓰는 게 낫다. 그렇게 써놓은 한 줄 한 줄이 꿈을 더 빨리 이루어줄 테니까. 우리는 항상 바쁘고 언제나 시간에 쫓긴다.

특별한 일은 없다면서도 날마다 허덕거린다. 오늘보다는 내일을 기약하고 다짐한다. 그러나 내일은 다시 오늘이 되고, 또 다른 내일은 어디론가 사라지고 없다. 영원히 만나지 못하는 게 내일이다. 날마다 새롭게 기약만 하는 꿈은 말 그대로 기약 없이 멀어져버린다.

　글을 쓰기 좋은 날은 내일이 아니다. 오늘이다. 오늘 쓰지 못한다면 내일도 쓰지 못한다. 스스로에게 물어보자. '지금이 아니라면 언제?' 내일 또는 내달이라는 답이 떠오른다면 몇 달 전이나 작년에는 어떻게 답했는지 기억해보자. 그 언제라는 시간은 평생 안 올지도 모른다.

글은 기교가 아니라 몸

엄마는 글을 쓸 줄 몰랐다. 아니, 글자를 쓸 줄 몰랐다. 아예 못 쓴다고 할 수는 없었다. 단지 엄마가 쓴 글자는 읽기가 쉽지 않았을 뿐이다. 처음 글자를 배운 초등학생처럼 삐뚤빼뚤했다. 제대로 된 글자라고 하기 힘들었다. 엄마가 쓴 글자를 처음 본 건 조카가 태어나고도 한참 뒤였다. 유치원 다니는 조카가 몇 번이나 조르고 졸랐다. 무얼 써달라 했는지 모르겠지만 그렇게 졸라도 계속 손사래를 쳤다. 어린 손자를 이기는 재주가 할머니에게 있을 리 없다. 어쩔 수 없이 연필을 손에 쥐고 글자 몇 개를 쓰던 엄마가 기억난다. 그러곤 두 손으로 얼굴을 가리던 엄마도 기억난다. 그때 알았다. 엄마가 글자를 제대로 쓸 줄 모른다는 걸. 내 나이 스물이 많이 지났을 때였다. 그러곤 곧 잊어버리고 말았다. 엄마가 그렇다는 걸.

오늘부터 쓰면 된다

《보고 시픈 당신에게》라는 책을 우연히 만났다. 책이 꽤 컸는데 뜻밖에 시집이었다. 무엇보다 저자가 눈을 사로잡는다. 시집 한 권에 저자가 87명. 펼쳐보니 몇 줄짜리 시도 있고 긴 시도 있다. 각양각색. 아무 생각 없이 넘겨보다 나도 모르게 눈물이 차오른다. 쏟아내듯 쓴 거친 시 구절이 눈물을 끌어올린다. 평생 처음으로 동네 한글학교에서 글을 배운 할머니들. 그렇게 배운 글로 쓴 시들. 아마 평생 처음 쓴 시였으리라. 아마 평생 처음 쓴 글이었을지도 모른다.

시 속에는 긴 세월과 큰 설움과 꾹 참아온 눈물이 가득했다. 할머니들의 시는 단순했다. 고급스러운 어휘도 없고, 어린아이의 글처럼 꾸밈도 없다. 여기저기 틀린 글자도 당당하게 자리를 잡고 있다. 그러나 그만큼 좋은 시를 예전에는 본 적이 없다. 그토록 가슴을 두드리고 눈물을 적시게 하는 시를 읽어본 기억이 없다.

지하철을 타고 긴 시간을 가던 어느 날, 또 한 권, 할머니들의 시 모음을 읽었다. 할머니, 아니 누군가의 엄마 100명이 쓴 《엄마의 꽃시》라는 시집이다. 무릎 위에 가방을, 가방 위에 시집을 올려놓고 천천히 읽었다. 지하철이 한참을 달리고 어디쯤 왔는지 보고 싶은데 고개를 들 수가 없다. 눈물이

고인 눈 때문에. 삶의 회한을 써낸 시에 눈물이 맺히고, 마음을 써낸 글에 목이 멘다. 가슴에 눌러놓았던 몇십 년의 시간이 짧은 글 속에 알알이 박혀 있었다. 할머니들의 시 옆에 달린 유명 시인의 한마디는 차라리 없느니만 못했다. 시는 있는 그대로의 모습으로 가슴으로 뛰어들어왔다. 생각하는 과정을 거칠 새도 없이 바로 마음을 두드린다. 읽는 사람의 가슴으로 치고 들어오는 시는 아름답고 강력했다. 좋은 글이라고 칭송받는 세상의 글들이 숨어야 할 만큼 아름다웠다. 가장 좋은 글, 감동을 주는 글은 몸으로 쓴 글이다. 뛰어난 머리로, 출중한 능력으로 쓴 글이 아무리 훌륭해도 몸으로 쓴 글을 넘지 못한다. 몸으로 쓴 글에는 사람이, 마음이, 삶이 자아낸 울림이 있다.

시집 속에는 엄마가 있었다. 잊고 있던 엄마의 모습이 거기에 있었다. 학교를 다니지 못한 서러움. 친구들을 향한 부러움. 글자를 몰랐던 부끄러움. 엄마의 잘못은 아니었음에도 평생 숨기고 끌어안고 살아야 했던 고통이 그 안에 있었다. 기쁨으로 눈물로 또는 담담함으로 쓴 글 속에서 엄마의 삶이 조용히 소리쳤다. 나의 엄마, 우리들의 엄마가 시집 속에서 웅얼웅얼 이야기했다. 오래전 글자를 쓰고 부끄러워하던 엄마가 다시 떠올랐다. 그때 한글을 가르쳐드리고, 쓰고 싶은 걸 써보시라 했으면 무어라 썼을까. 왜 그렇게 하지 못했을까. 후회는 항상 늦다.

　글은 기교가 아니라 몸과 마음으로 쓰는 것이다. 몸으로 마음으로 쓴 글이 가장 아름답다. 읽는 사람에게 가 닿는 힘도 가장 강하다. 한강을 건너는 지하철 창밖으로 맑은 하늘이 가득했다. 글자를 제대로 쓸 줄 몰랐던 엄마는 그 하늘 어딘가에 있을 것이다. 그곳에도 한글학교가 있을까. 이제는 글을 배웠을까. 엄마가 시를 썼다면 어떤 꽃시를 썼을지 궁금하다. 이제라도 엄마의 글이 아니라 마음이 보고 싶다. 글자가 아니라 그 속에 맺혀 있을 목소리가 듣고 싶다. 몸으로 쓴 글 한 편을 읽고 싶다.

몸이 글이 되어야

책을 감명 깊게 읽으면 그 저자를 만나고 싶을 때가 있다. 이렇게 좋은 글을 쓴 사람은 어떤 사람일까 궁금해진다. 인터넷을 뒤져서 이메일을 찾아보거나 출판사에 전화해 연락처를 구한다. 그렇게 만나본 저자는 정말 책의 내용처럼 살고 있을까? 혹시 책에 쓴 것과는 전혀 다른 모습이어서 실망하지는 않을까? 많은 책을 쓰고 많은 저자를 만나본 누군가는 이렇게 말한다. "저자 중에 책과 삶이 비슷한 사람은 절반도 안 되더라." 그 말이 맞을 수도 있고 아닐 수도 있다. 어쨌든 좋은 글로 가득했던 책의 내용과 저자가 다른 모습이어서 당혹스러웠다는 말을 가끔 듣는다. 그런 말에 어떤 저자는 이렇게 말하기도 한다. "그런 거 좀 묻지 마라. 그렇게 살고 싶어서 쓴 거니까."

언젠가 내 책을 읽었다며 한번 만나보고 싶다는 메일을 받았다. 같이 점심을 먹고 커피도 마시면서 책과 관련된 이야기를 했다. 책 한 권을 읽었을 뿐인데 그는 나에 대해 꽤 자세하게 알고 있었다. 신상털이를 한 게 아닐까 하는 생각이 들 정도였다. 한 권의 책, 특히 자기 자신에 관해 쓴 책이 얼마나 많은 정보를 담고 있는지 실감했다. 이런저런 이야기를 나누다가 슬쩍 걱정이 올라왔다. '이 사람이 책에서 본 것과 직접 본 나를 너무 다르게 느끼면 어떡하지?' 글을 쓰는 것도 어려운데 쓴 대로 사는 건 더 어렵다는 걸 실감한 시간이었다.

중국 당나라에서는 사람을 판단할 때 신언서판(身言書判)을 살폈다고 한다. 신(身)은 몸, 언(言)은 말, 서(書)는 글, 판(判)은 판단력을 말한다. 서(書)는 서예를 뜻하지만 크게 보아 글이라고 해도 무방하리라. 신언서판, 이 네 가지가 뛰어난 사람을 관리로 등용했다. 나는 사람을 판단할 때 언(言)과 서(書)는 근거로 삼지 않으려 애쓴다. 말이라는 건 마음과 달리 얼마든지 꾸밈이 가능하다. 입으로 마음과 전혀 다른 말을 하는 건 그리 어렵지 않다. 글 역시 마찬가지다. 생각이나 행동과 다르게 글은 거짓으로 얼마든지 쓸 수 있다. 심지어 목적이나 이해관계에 따라 조작도 할 수 있는 게 글이다. '글과 다른 저자'가 많다는 건 그런 사실을 입증해준다. 나는 글은 믿지 않지만 신(身), 몸은 믿는다. 몸은 생각과 다르게 움직이는 게 쉽지 않다. 표정이나 몸짓은 자기도 모르게 마음을 따라간다. 꾸민다고 해도 완벽하게 꾸미는 건 어려운 일이다. 잠깐 남을 속일 수는 있어도 오래지 않아 본색이 드러나기 마련이다.

판사는 판결로 말한다고 한다. 작가는 글로 말한다고도 한다. 멋져 보인다. 있어 보이기도 한다. 자부심과 자긍심이 그대로 드러나는 표현이다. 작가는, 글을 쓰는 사람은 글로 말하는 게 사실이다. 그들에게는 글이 곧 말이다. 거기에 한 마디를 더 보태고 싶다. '몸이 글이 되어야 한다.' 신문에 칼럼을 쓰면서 사회정의를 외치던 사람이, 도덕성이 땅에 떨어졌다고 질타하던 사람이, 정작 자신은 글과 반대의 삶을 살아왔던 걸 적지 않게 봤다. 거짓으로, 이익을 위해 글을 쓴 사람들이다. 자기는 그렇게 살지 않으면서 온갖 좋은 이야기만 늘어놓는 글이라니. 그런 글이 과연 무슨 의미가 있을까.

세상에는 숱하게 많은 글이 있다. 좋은 글, 멋진 글, 배려 넘치는 글, 사랑의 글, 온정의 글이 가득하다. 비리를 꾸짖고 정의를 강조하고 남을 위한 삶을 살아야 한다는 글도 넘쳐난다. 그 글 중에는 내가 쓴 글, 혹은 당신이 쓴 글도 있다. 그 글 대로 살고 있는지 생각해본 적은 있는지. 말은 입에서 나오는 순간 허공으로 사라진다. 아무도 듣지 않았다면 어떤 흔적도 남지 않는다. 글은 반대다. 활자로 찍히는 순간 지워지지 않고 영원히 남는다. 수십 년 전의 글도 사라지지 않는다. 도망가지도 못한다. 글이 두려운 이유다. 글을 쓴다면, 글은 곧 삶이 되어야 한다. 그렇지 않다면 읽는 사람을 속이고 있다는 말이다. 글을 쓰고 싶은가? 글을 쓰고 있는가? 그렇다면 스스로 물어보아야 한다. 나는 쓴 대로 살고 있는가? 노력이라도 하고 있는가? 몸이 글이 되어야 한다.

생각은 신기루다

글을 쓴다는 건 무얼 쓰는 걸까. 생각을 쓰는 것이다. 생각이 없으면 글을 쓰기 어렵다. 아예 불가능하다고 해도 과언이 아니다. 머릿속에서 이리저리 떠도는 생각들을 모으면 문장이 된다. 문장은 문단이 되고 문단은 이야기가 된다. 이야기들이 모이면 한 편의 글이 만들어진다. 눈으로 본 것, 몸으로 체득한 것, 지식으로 배운 것, 그 모든 것들이 글을 구성하는 재료다. 그러나 그 자체만으로 글이 써지지는 않는다. 머릿속에서 수용하고 버리고 정리하는 과정을 거쳐 재료들은 생각이 되고 글이 된다.

글을 쓰려면 허공에 손을 뻗어 떠도는 생각을 잡아채야 한다. 구체적으로는 생각을 구성하는 단어를 잡아챈다. 잡아챈 단어는 어디에 담아놓아야 할까. 머릿속에? 다시 생각 속에? 아니다. 수첩에, 메모장에 담아야 한다. 머릿속을 채우고 있는 생각들은 허상일 뿐이다. 사막의 신기루와 다를 바 없다. 눈에 보이고 손에 잡히는 현실이 아니라는 말이다. 허상은 실체가 없기에 쉽게 사라진다. 갑자기 떠오른 로또 1등 번호도 몇 발자국 걸어가는 사이에 날아가버린다. 그게 생각의 본질이다. 세계명작이 될 구상도 머릿속에 담아두기만 하면 어느 순간 날아가 사라진다. 생각은, 생각 속의 단어는 유령이다. 붙잡아두지 않으면 신기루처럼 사라져 흔적도 남지 않는다. 허망함으로 따지면 그런 허망함도 없다. 그런 까닭에 수첩은 디지털 시대에도 사라지지 않는 중요하고도 사랑받는 글쓰기 장비다.

글을 쓰려면 어떤 생각이 떠오를 때마다 즉시 적는 게 최선이다. 글을 쓰고 책을 쓰는 사람은 수첩이나 메모할 도구를 항상 지니고 다닌다. 작은 수첩이나 노트, 스마트폰의 메모장이 필수품이다. 돈은 들고 다니지 않아도 수첩은 들고 다녀야한다. 적어두지 않으면 생각은 순식간에 사라지고 만다. 돈은 다시 벌 수 있으나 생각은 다시 떠오르지 않는다. 깜짝 놀랄 좋은 구상이 떠올랐으니, 이렇게 좋은 문장이 생각났으니 집에 가서 적어두어야지 한다면 오산이다. 집은커녕 인파에 떠밀려 지하철에 타는 순간 그 좋은 구상과 문장은 머릿속에서 지워진다. 흔적조차 없이 깨끗하게.

짧은 생각 하나에서 긴 원고 한 꼭지가 시작된다. 생각을 잡아채지 않고 날려보내면 글감을 만들기 힘들다. 내 머릿속에 있는 것이니 언제든 꺼낼 수 있다고 여긴다면 심각한 착각이다. 지식과 생각은 전혀 다르다. 지식은 알고 있는 것이고 생각은 떠도는 것이다. 떠도는 것들은 자리를 잡아놓지 않으면 언제 어디로 가버릴지 모른다. 글을 쓰려면 허공으로 손을 뻗어야 한다. 생각 속의 단어들을 꽉 잡아야 한다. 손을 머릿속에 집어넣어 생각을 만져보고 생각을 구성하고 있는 단어들을 꺼내야 한다. 때로는 머릿속에서 툭툭 떠오르는 생각들이 머리 밖으로 터져 나올 때가 있다. 마치 밀물이 밀려오듯 생각이 터져 나온다. 그런 생각들을 흘려보내면 안 된다. 튀어나오는 생각들을 하나하나 붙잡아 적어놓아야 한다. 순간의 생각을 모으면 그게 글이 되고 책이 된다. 글은 생각을 쓰는 것이다. 메모하고 적어야 생각을 글로 바꿀 수 있다. 생각을 적는 사람이 글도 쓰고 책도 쓸 수 있다.

삐딱하게 생각하라

"삐딱하게 생각하라.""남들과 다르게 봐라.""의심하라."
소설가 홍성원이 하던 말들이다. 누구에게? 글 쓰는 딸들에
게 일러주던 말이라고 한다. 드라마 작가인 딸이 기억하는 홍
성원은 다양한 체험을 맛보게 해주던 아버지였다. 어린 딸들
과 격의 없이 토론했고, 자정이 지난 거리 구경, 고물상 순례
등 일상과는 다른 세상을 자주 보여줬다. 딸들의 시각을 넓혀
주고, 생각하는 기술과 글 쓰는 기술을 알려주려던 마음 아니
었을까 싶다.

유명한 소설가 아버지는 왜 삐딱하게 보라고 했을까? 글을
쓰는 사람은 왜 삐딱하게 봐야 할까? 남과 같은 글, 누구나 쓸
수 있는 글을 쓰지 않기 위해서다. 남이 쓴 글과 다를 게 없는

글이라면, 어디서나 볼 수 있는 글이라면, 그 글을 누가 읽을까? 책을 샀는데 어제 본 책에 나온 글과 같다면, 신문을 펼쳤는데 다른 신문과 같은 기사가 있다면 어떨까? 작가들과 기자들은 항상 새로운 것을 찾는다. 조금이라도 다른 것을 쓰려고 안간힘을 쓴다. 상품으로 말하자면 신상품을 만드는 것이다. 이미 나온 것들과는 달라야 내 글의 존재 이유가 생긴다. 글도 일반 상품만큼 새롭고 신선해야 한다. 매일매일 생산되는 신문기사의 유통기한은 단 하루. 하루가 지나면 썩어버린다. 글을 쓸 때는 내 글이 얼마나 신선한지 늘 고민해야 한다.

글을 쓸 때는 나만의 시선으로 편집해야 한다. 남들과 똑같은 시선과 생각이라면 과감히 잘라내야 한다. 통째로 날려버리는 거다. 완전히 다르게 보는 연습이 필요하다. 사물이나 사건을 볼 때 남들과 전혀 다를 게 없다면 신선한 글이 나오기 어렵다. '날씨 맑음, 아침 먹고 출근, 퇴근 뒤 술 한 잔, 취침'이라는 일기를 1년 동안 쓴다고 해보자. 그걸 왜 1년을 써야 할까? 한 페이지 이상 쓸 이유가 없다. 홍성원 작가는 이런 말도 했다고 한다. "한 발 떨어져 생각하라, 한 번쯤은 뒤집어 생각해보라." 모든 걸 당연하게 받아들이지 말라는 의미다. 당연한 게 많아지면 생각은 고정되고 낡는다. 낡은 생각에선 새로운 글이 나오지 않는다. 해는 정말 동쪽에서 뜨는 게 맞을까? 혹시 우리가 방향을 잘못 알고 있는 건 아닐까? 명문대 출신은 정말 똑똑할까? 혹시 시험만 잘 보는 건 아닐까? 엉뚱한 생각, 말도 안 되는 생각을 해볼 때도 있어야 한다. 정해져 있는 생각의 궤도를 벗어날 때 시야가 넓어진다.

섬진강 시인 김용택이 초등교사로 처음 부임한 곳은 산골 분교였다. 그곳에서 할부 책장수가 가지고 온 문학전집을 샀다. 방학이 되어 집으로 돌아온 그는 전집에 코를 박고 읽었다. 방학이 끝날 즈음 전집을 다 읽고 학교로 가는데 이상한 일이 일어난다. 매일 보던 풍경이 다르게 보이는 것이다. 강물, 들판, 앞산, 느티나무, 동네 집들까지 모두 새로웠다. 항상 익숙한 어제의 것들이 그날 새롭게 보였다. 그는 이 감정을 "눈이 부실 정도였다"고 표현했다. 시선이 바뀐 것이다. 그에게 글이 찾아온 날이기도 하다. 시선이 바뀌면 모든 것이 새로워진다. 지겹도록 똑같은 일상도 다르게 보인다. 그런 다름이 있어야 남과 다른 글을 쓸 수 있다.

남과 다른 글이란, 새로운 글이란, 얼토당토않은 극단의 지경으로 달려가는 게 아니다. 나만의 시선으로, 나만 쓸 수 있는 이야기를 쓰는 것이다. 일상이 매일 똑같다고 생각하면 글감을 찾기 어렵다. 출근길에 같은 곳에서 늘 만나는 사람, 점심때 먹은 냉면의 역사, 옛사랑이 생각나는 눈 오는 날, 익숙한 노래와 함께 떠오르는 친구….

경험, 인물, 사건, 시간에 구체성을 부여하고 나만의 이야기를 더하면 남과 다른 이야기가 생긴다. 세상살이 다 비슷하다는 관념은 모두 날려버려야 한다. 세상에서 비슷한 건 하나도 없다. 모두 저마다의 고유한 생각과 이야기를 만들며 살아간다. 일상을 보는 시선을, 세상을 보는 생각을 바꿔야 한다. 나만의 시선을 만들어야 한다. 그런 노력이 나만 쓸 수 있는 글의 밑거름이 된다.

데드라인 글쓰기

몇 년 전 수명 짧은 직업이 무엇인가에 관한 연구 조사가 있었다. 읽을거리로 이만큼 재밌는 이야기도 드물다. 조사에 따르면, 수명 짧은 직업 최상위권의 단골이 있었다. 운동선수, 문인, 기자. 운동선수는 어려서부터 몸을 너무 많이 쓰고 승부 스트레스가 이유라고 한다. 그럼 문인과 기자의 수명이 짧은 이유는 무엇일까? 일단 불규칙한 업무시간. 정해진 시간에 일하는 게 아니라 쓸 거리가 생기면 날 새는 게 일상이다. 건강한 생활 리듬을 갖기 힘든 직업이다. 글이나 기사를 쓰면서 쏟아지는 스트레스도 이유 중 하나다. 스트레스가 발생하는 주된 요인은 '데드라인'이다. 문인은 원고를 넘겨야 하는 시간이고, 기자는 기사를 마감해야 하는 시간이 '데드라인'이다. 정해진 시간에 풀리지 않는 글을 써내야 하니 그 스트레스가 얼마나 심할지 상상할 수 있다. 글이라는 건 한 번에 손쉽게 써지는 일이 드물고, 쓰고 보면 마음에 들지 않는 게 다반사다. 몇 줄 쓰지도 못했는데 벌써 데드라인이 눈앞에 다가와 있다. 손이 덜덜 떨리고 모든 걸 던져버리고 도망가고 싶지만 그럴 수도 없다. 정말 수명이 짧아질 만한 풍경이다.

글 한 줄이 써지지 않는다고 하소연하는 사람을 가끔 본다. 누구나 겪는 일이다. 막힘없이 글이 써진다든지, 언제든 글이 잘 나온다든지, 원할 때마다 글이 술술 써지는 사람이 있을까? 그런 사람은 없다. 지구를 탈탈 턴다고 해도 단 한 사람도 없다. 글이 마음대로 써진다면 문인과 기자가 수명이 가장 짧은 직업군에 속하지 않았을 거다. 글이 써지지 않는다고 글쓰기를 손에서 놓기도 한다. 어쩔 수 없는 선택이었겠지만 좋은 방법은 아니다. 써지지 않는다고 쓰지 않으면 대다수가 1년에 한 줄도 못 쓰는 경우가 숱할 것이다. 써지지 않을 때 글 쓰는 일에서 잠깐 거리를 두는 건 괜찮지만 긴 시간을 손에서 놓으면 안 된다. 아예 손에서 놓기보다는 짧은 글이라도 조금씩 쓰는 게 좋다.

글쓰기 훈련을 시작하겠다면 조금은 센 방법을 찾으라고

권하고 싶다. 그중 하나가 마감시간을 스스로 정하는 일이다. 이른바 '데드라인' 정하기. 흔히들 써지지 않아서, 시간이 없어서, 쓸 만한 게 없어서, 떠오르는 게 없어서 쓰지 못한다고 말한다. 정말 그럴까? 치열하지 않은 건 아닐까? 세상에, 일상 속에, 머릿속에, 쓸 거리는 널려 있다. 쓰려 하지 않은 것이고 글로 만들어내지 못하는 것뿐이다. 시간이 없다고 하지만 다른 걸 할 시간은 언제든 있다. 우선순위를 어디에 두었는지 생각해보라. 다른 것 다 하고 글을 쓰겠다고 생각하고 있는 건 아닌지. 사흘에 한 꼭지 또는 일주일에 한 꼭지. 자기 자신과 약속하고 데드라인을 정한 후 써보는 건 어떨까? 매주 수요일 오후 9시까지 한 꼭지, 또는 매주 토요일 오후 8시까지 완성하고 일요일은 휴식. 이런 식으로 데드라인을 정한다. 자기와의 약속을 지키다 보면 다른 일보다 글쓰기가 우선순위에 놓인다. 데드라인은 어떤 내용이 되었든 억지로라도 쓰게 해준다. 오랫동안 데드라인 지키는 훈련을 하다 보면 글쓰기에 대한 막연한 두려움도 줄어든다. 글쓰기가 자연스럽게 습관으로 굳어지는 효과도 있다.

데드라인을 정하고 힘겹게 글을 쓰다가 문인이나 기자처럼 수명이 짧아지는 건 아닐까? 이런 걱정은 하지 않아도 된다. 당장 글로 돈을 벌어야 하는 게 아니니까. 우리가 얻고자 하는 건 글쓰기를 덜 두려워하고 일상의 습관처럼 만드는 것이다. 요즘 글 쓰는 사람들은 체력 관리를 위해 운동도 소홀히 하지 않는다. 밤을 새우며 글 쓰는 건 옛날 말이다. 피곤해서 다음 날은 쓰지 못하니 철저하게 시간 관리를 한다. 스트레스로 수명이 줄어들 정도로 글을 쓰는 건 이제 책에서나 볼 수 있는 풍경일지 모른다. 데드라인은 자꾸 핑계를 대고 글쓰기에서 도망가려는 자기를 잡아매는 동아줄 같은 장치다. 그 동아줄을 끊고 안 끊고는 역시 자신에게 달려 있다.

미국 현대문학의 거장으로 불리는 필립 로스는 소설 《에브리맨》에 이런 문장을 담아놓았다. '영감을 찾는 사람은 아마추어이고, 우리는 그냥 일어나서 일하러 간다.' 지금 영감이나 글감을 찾고 있는가? 그것들이 떠오르지 않아서 글을 쓰지 못하고 있는가? 프로의 말을 새겨듣자. 글이 풀리든 안 풀리든 달라붙어 써나가는 게 우선이다. 아마추어든 아니든 일단 써야 무엇이든 이루어진다. 스스로 정한 데드라인에 맞춰서.

글쓰기에도 공부가 필요하다

호랑이 담배 피우던 시절, 그러니까 꽤 오래전에 이런 일이 있었다. 휴대전화도 없고 인터넷은 당연히 없던, 그런 때였다. 어떤 기자가 일주일에 한 번 신문에 실리는 낚시터 소개 기사를 쓰게 됐다. 기사를 쓰려면 여러 가지를 알아봐야 한다. 낚시터까지 가는 교통편은 기본이고 최근 조황은 어떤지, 잘 잡히는 물고기는 어떤 종류인지 취재해야 한다. 미리 준비해야 하는데 게으름을 피우다 마감이 닥치고 말았다. 책상에 앉아 이를 어쩌나 고민하는데 퍼뜩 떠오르는 게 있었다. 1년 전에 써놓고 신문에 나가지 않은 저수지 소개 기사. 이게 웬 떡이냐 싶었다. 기사를 그대로 옮겨오고 최근엔 이런저런 물고기가 많이 잡힌다고 살짝 덧붙여 원고를 마감했다. 손쉽게 넘겼다며 퇴근 후 기분 좋게 술도 한잔했다. 다음 날, 그를 찾는 전화가 왔다. 전화를 한 사람은 독자였는데, 그는 기가 막히고도 웃긴 사실을 알려줬다. "그 저수지 없어졌어요."

　기사를 쓴 사람의 치명적 실수는 뭘까. 확실해야 하는, 사실 여부를 취재하지 않았다는 점이다. 작은 웅덩이도 아니고 저수지가 없어진다는 걸 누가 상상이나 했을까. 사람은 항상 '설마'에게 당한다. 글을 쓸 때는, 특히 공적인 글을 쓸 때는 확인에 확인을 거듭해야 한다. 불특정한 사람들이 누구나 읽을 수 있는 글은 모두 공공의 성격을 가진다. 블로그, SNS는 개인의 공간이지만 누구나 볼 수 있으니 공공의 공간이기도 하다. 나 혼자가 아닌 남이 읽는 글은 거짓과 오류가 있어선 안 된다. 작은 사실 하나가 명확한 거짓이라는 걸 알게 되면 독자들의 생각은 급변한다. 글 전체의 신뢰가 추락한다. 글쓴이에 대한 신뢰까지 추락한다. 글은 무엇으로 쓰는 것일까. 머리? 손? 엉덩이? 다 맞다. 또 필요한 게 있다. 자료. 충실한 자료가 있으면 글은 거짓이 되지 않는다. 자료를 얻는 데 왕도가 있을까? 있다. 취재와 공부, 두 가지가 왕도다. 그 외의 방법? 그런 건 없다.

　글의 자료가 되는 것들은 정해져 있지 않다. 사람의 말, 책

속 문장, 지식, 풍경…. 모든 것이 글의 자료가 된다. '1년 전 나의 하루'라는 제목으로 글을 쓴다고 하면 몇 번 버스를 타고 목적지까지 몇 분이 걸린다는 것도 자료다. 정류장의 풍경이나 사무실 모습 같은 것도 훌륭한 자료다. 시간이 지나서 생각이 나지 않는 것도 분명히 있다. 그래서 살짝 아주 조금만 사실이 아닌 내용을 집어넣는다고 해보자. 별것 아닌 그것들이 바로 조작이고 가공이다. 누군가는 사실을 알고 있을 테니 들통이 나는 건 시간문제다. 글 내용을 조작하거나 가공하지 않으려면 철저하게 조사하고 확인해야 한다. '링컨은 ~~라고 말했다' 또는 '셰익스피어가 말한 ~~은 뛰어난 통찰이다'라고 쓰려면 어떻게 해야 할까. 링컨이, 셰익스피어가 그렇게 말한 걸 직접 보지도 못했는데 자신 있게 쓸 수 있는 건 왜일까? 자연스럽게 인터넷 검색을 거친다. 키보드 몇 번 두드려보고 '아, 맞네!' 당당하게 글에 인용한다. 내용이 사실이라면 나쁘지 않은 방법이다. 하지만 인터넷은 정보의 창고이면서 때로는 쓰레기의 창고이기도 하다. 그렇기에 믿을 만한 책이나 자료를 더 확보해야 한다. 자료에 관한 공부를 많이 해야 한다는 의미다. 생각과 인터넷 검색만으로 글을 쓰려 한다면 치명적 실수를 저지를 수 있다. 글을 쓸 때 공부가 필요한 이유다. 설마 했던 일은 현실이 되어 찾아온다. 그것도 자주.

글이 안 풀리거나 사례가 부족할 때는 슬그머니 유혹이 꼬리 친다. '조금 거짓말한다고 누가 알겠어?' 조금, 아주 조금 거짓 내용을 쓴다. 벌받을 일은 아니다. 누굴 다치게 한 것도, 남의 물건을 훔친 것도 아니니까. 그렇지만 비난받을 일은 맞다. 글이 공공의 장소로 나가는 순간, 쓴 사람은 그 글에 대한 책임이 있다. 글을 쓸 때도 공부가 필요한 이유다. '관성의 법칙에 따르면'이라고 쓴다면 관성의 법칙이 무언지 이론이나 지식을 명확히 알아야 한다. 잘못 알고 있다면 글이 자기의 의도와 달라질 수도 있다. '그 건물의 입구에는 빵집이 있고 정류장이 있다'라고 쓰려면 정말 그런지 직접 가봐야 한다. '어머니는 그때 이렇게 말했다'라고 쓰려면 그 기억이 정확한지 다시 물어봐야 한다. 그런 과정을 거치지 않는다면 글쓰기는 한결 수월하다. 확실하지 않은 지식에 의존하거나 머리로만 생각해서 쓰면 되니까. 그 편함의 뒤에는 어디서 튀어나올지 모르는 실수가 도사리고 있다. 머리만 굴려서 글을 쓸 수 있다는 건 착각이다. 공부하고 또 공부해야 좋은 글이 나온다.

글쓰기 책, 어떤 게 좋을까

글을 쓰고 있거나 쓰고자 하는 사람들은 항상 글쓰기 책을 기웃거린다. 구매하지는 않아도 이리저리 들춰보며 어떤 책이 도움이 될지 견주어본다. 글을 잘 쓰는 사람도, 글 한 꼭지 만들기 어려운 사람도 글쓰기 책은 봐야 하지 않을까 생각한다. 글쓰기 책은 다 비슷비슷해 보이면서도 다 다르다. 글 잘 쓰는 법을 안내한다는 점에서는 비슷하다. 그러나 집중적으로 내세우는 말과 글쓰기 방법으로 안내하는 길은 서로 다르다. 마음가짐을 알려주는 책이 있는가 하면 기술적 부분에 초점을 맞추기도 하고, 문법과 어휘를 하나씩 예시로 든 책도 있다. 저자가 강조하고 싶은 말과 시장을 고려한 콘셉트를 어떻게 설정하느냐에 따라 내용이 달라진다. 글쓰기 책이 비슷하면서도 다른 건 그런 이유에서다. 글쓰기에 일정하게 정해진 규칙은 없으니 어느 책이 좋다, 나쁘다고 하기는 힘들다.

글쓰기 책을 고를 땐 '어떤 책이 좋을까'보다 '나에게 무엇이 필요할까'를 생각하는 게 우선이다. 수십, 수백 종의 글쓰기 책을 다 읽을 수는 없는 일이다. 그 많은 책을 다 읽는다고 그만큼 글 실력이 좋아지지도 않는다. 자기에게 부족한 점을 잘 파악하고 그 부분에 충실한 책을 선택하는 게 가장 좋다. 일단 여러 권의 글쓰기 책을 찾아본다. 몇 권도 좋고 몇십 권도 상관없다. 현실적으로 몇십 권은 힘겨운 일이고 눈에 띄는 10여 권 정도면 적당하다. 그중에 나의 글쓰기 실력을 키우기에 도움이 되는 책이 최소한 한 권은 있다. 그 한 권을 택하면 된다. 딱 한 권 말이다.

글쓰기 책이 필요할 때 사람들은 이 책 저 책 또 다른 책을 찾아나선다. 글쓰기 책 찾아 삼만 리를 떠도는 셈이다. 그렇게 많은 글쓰기 책이 필요할까? 글쓰기 책은 형식과 내용이 천차만별이다. 그중에 자기의 글쓰기에 유용한 내용을 담은 책을 찾았다면 거기서 멈춰도 된다. 더 이상 다른 책을 찾아다닐 필요가 없다. 그 책 한 권을 꼼꼼히 읽고 글쓰기에 도움이 될 만한 내용을 자세히 표시해놓는다. 다음은 차근차근 익히는 시간이다. 배워서 익히기. 얼마나 걸릴까? 책 한 권에 담긴 내용을 내 것으로 만들려면 1년이나 그 이상이 걸릴 수도 있다. 글쓰기의 기술적 방법을 알았다고 해도 실제 내 글에 녹아나게 하려면 숱한 연습이 필요하다. 그렇게 자기가 선택한 책에서 거의 모든 걸 익혔다면, 그때 또 다른 글쓰기 책을 찾아나서면 된다.

살아가는 데 배우자가 몇 명이나 있어야 할까. 둘? 셋? 넷? 더 많이? 자기에게 잘 맞는 배우자 한 명이면 충분하지 않을까? 서너 명 또는 그 이상의 배우자가 있다고 더 즐거워지지는 않을 것 같다. 오히려 혼란만 생기고 인생이 더 피곤해질 가능성이 크다(아닌가?). 글쓰기 책도 마찬가지다. 자기에게 꼭 필요한 한 권이면 충분하다. 이 책 저 책 돌아다녀봐야 혼란스럽기만 하고 어느 내용에 집중해야 할지 판단하는 게 어렵다. 어느 책이든 그 한 권에 있는 내용을 모두 내 것으로 만든다면 글 못 쓴다는 소리는 듣지 않는다. 여기저기 헤맬 시간에 하나라도 제대로 익히는 게 이득이다.

글쓰기 책을 고를 때 베스트셀러나 유명한 저자가 쓴 책일 필요는 없다. 많이 팔린 책이고 유명한 사람이 쓴 책이라도 나에게 맞지 않을 수 있다. 유명 저자가 이건 정말 비밀이라고 하는 것들이 글을 쓰려는 모든 사람에게 필요하지는 않다. 글 한 편을 완성하는 게 목표인 사람에게 고급 기술은 너무 어려운 고차 방정식이다. 글의 흐름을 잡는 것도 버거운 사람에게 독자의 심금을 울리라는 건 너무 먼 이야기다. 글쓰기 기술에 관한 기본적 내용은 큰 틀에서는 비슷하다. 글 쓰는 사람과 못 쓰는 사람이 사용하는 기법은 같다. 중학교에서 배우는 인수분해와 고등학교에서 배우는 인수분해가 다르지 않은 것과 마찬가지다. 응용의 깊이와 변수가 다를 뿐이다. 똑같은 글쓰기 기법이지만 얼마나 잘 구사하느냐에서 글의 차이가 생긴다. 기본적인 글쓰기 기술은 인터넷에서도 얼마든지 얻을 수 있다. 좋은 글쓰기 책을 못 구해서 글을 못 쓰는 사람은 없다. 익히고 익히고 또 익히지 않아서 못 쓰는 사람만 있을 뿐이다. 많은 책을 사려 하지 말고 '아, 이거다!' 싶은 한 권을 충실히 익히는 게 더 나은 선택이다.

불편한 책 읽기와 글쓰기

얇은 책, 쉽게 읽히는 책, 달달한 책, 예쁜 그림이 가득한 책, 한 페이지에 글 몇 줄만 있는 책, 휘리릭 읽을 수 있는 책…. 요즘 잘 팔리는 책들의 특징이다. 팔린다는 건 읽힌다는 것이고, 읽힌다는 건 이 시대 사람들이 좋아한다는 의미다. 구성이 복잡한 책, 다양한 지식이 가득한 책, 어려운 책, 인간의 근본을 파고드는 책, 재미없는 책…. 요즘 잘 팔리지 않는 책들의 특징이다. 팔리는 책과 팔리지 않는 책들의 형태는 극명하게 갈라진다. 갈수록 그 현상은 심해진다고 한다. 경박단소(輕薄短小)의 시대. 가볍고 얇고 짧고 작은 것이 시대를 이끌어간다. 사람들은 진지하지 않고, 스쳐 지나가고, 순간으로 끝나고, 삶을 누르지 않는 것들에 끌린다. 하루하루 살아내는 현실이 힘겨우니 어쩔 수 없는 일이기는 하다. 어느 것이 옳고 그르다고 할 수도 없다.

책도 어떤 게 좋고 나쁘다고 무 자르듯 나눌 수는 없다. 어떤 책이든 나름대로 쓰임이 있고 효용이 있을 테니까. 쉬운 책 읽기와 불편한 책 읽기도 어떤 게 좋고 나쁘다고 할 수 없다. 개인의 상황과 취향에 따라 달라지니까. 옳고 그름은 사실상 없다. 그러나 글을 쓰겠다면, 더 좋은 글을 쓰고 싶은 욕망이 있다면, 조금은 더 생각해봐야 한다. 대하소설 작가처럼 글을 쓰고 싶다면서 몇 줄로 끝나는 글만 읽는다면 어떨까. 지식과 정보를 알려주는 글쓰기를 꿈꾸면서 어려운 책은 읽지 않는다면? 인간 밑바닥을 보여주는 글을 쓰겠다면서 달달한 책만 골라서 읽는 건 또 어떤가. 자기가 쓰려는 글을 쓸 수 있는 날이 자꾸 멀어지게 된다. 아마 영원히 그런 글을 쓰지 못할지도 모른다. 읽지 않으면 쓸 수 없다. 모든 글은 책 읽기를 통해 한 단계 더 도약한다. 그리고 어떤 책을 읽느냐에 따라 어떤 글을 쓸 수 있는지가 결정된다. 쉬운 책보다 불편한 책 읽기를 택해야 하는 이유는 분명하다.

500쪽이 훌쩍 넘는 책을 읽어보자. 어려운 책을 읽다 포기도 해보자. 고리타분해 보이는 동양 고전도 손에 들어보자. 내 취향은 아닌데 남들이 다 좋다고 하는 책도 읽어야 한다. 이해가 안 되는 책을 몇 번이나 다시 읽어보는 경험도 필요하다. 불편한 책 읽기가 글쓰기 수준을 끌어올린다. 불편한 책 읽기는 멋진 글을 쓰게 해주는 훌륭한 선생님이다. 남들이 감탄하는 글쓰기로 이끌어준다. 어렵지만 명문인 책을 읽어보지 않은 사람은 그런 글을 쓰지 못한다. 누구나 고개를 끄덕이는 공감의 글을 읽지 않는 사람은 독자들이 공감하는 글을 쓸 수 없다. 철학과 문학이 뒤엉킨 책을 읽지 않은 사람은 글로 인간을 조망하지 못한다. 알지 못하니 쓰지 못하고, 읽지도 배우지도 않으니 쓰는 건 불가능하다. 글을 잘 쓰고 싶다면 읽어야 한다. 어려운 책도 읽고, 이해 안 되는 책도 읽고, 머리가 복잡해지는 책도 읽어야 한다. 불편한 책에서 배운 것들이 글에 배어들어 문장을 쉽고 풍부하게 만들어준다.

초콜릿 복근을 갖고 싶으면 고통을 견뎌야 한다. 숨을 몰아쉬며 운동을 해야 하고, 먹고 싶은 걸 참아야 하고, 먹기 싫은 것도 먹어야 한다. 불편함을 끌어안아야 몸이 달라진다. 불편함을 거부하면서 초콜릿 복근을 꿈꾸는 건 망상이다. 근육 없이 살이 축축 늘어지는 몸으로 마라톤을 할 수 있을까? 출렁이는 뱃살을 근육으로 포장하면 사람들이 속을까? 글쓰기는 마라톤과 같다. 늘어진 살이 아니라 근육이 필요한 경기다.

글에는 비계도 필요하지만 탄탄한 근육이 훨씬 중요하다. 다양한 글을 쓰려면 읽기 달콤한 책에서 멀어져 보자. 그 달콤함이 때로는 글쓰기를 좀먹고 있다는 걸 잊지 말아야 한다. 힘 있는 글, 논리적인 글, 수려한 글을 쓰고 싶으면 근육을 단련하듯 불편한 책도 읽어야 한다. 내 글의 근육은 읽기 불편한 책이 만들어준다.

좋은 글귀가 항상 좋은 건 아니다

"행복해서 웃는 게 아니라 웃으면 행복해진다.""당신이 먹는 것이 당신이 누구인지 말해준다.""세상에는 두 종류의 사람이 있다.""항구에 정박해 있는 배는 안전하다. 그러나 배는 항구에 묶어두려고 만든 것이 아니다." 책이나 인터넷에서 가끔 볼 수 있는 글귀들이다. 문장도 좋고 내용도 훌륭하다. 이런 글귀를 보면 참 멋지다는 생각이 든다. 내 글에도 쓰고 싶어진다. 적절한 곳에 인용하면 내 글이 멋있어질 것 같다. 그런데, 정말 그럴까? 멋이 나기는 하겠지만 생각만큼은 멋지지 않을지 모른다. 좋은 글귀에도 단점은 있다. 이곳저곳에서 쉽게 볼 수 있다는 게 문제다. 내가 인용하고 싶은 글귀는 다른 사람도 탐낼 것이다. 세상 누구나 인용하는 좋은 글귀는 정체성이 바뀔 수도 있다. 좋은 글귀에서 흔한 글귀로.

흔하게 보는 글의 단점은 무얼까? 읽는 사람에게 감동을 주지 못한다. 신선하다는 느낌이 없다. '또 이 소리야?' 하는 생각이 들게 한다. 멋있으라고 좋은 글귀를 썼는데 오히려 지겨운 글이 되는 역작용이 생긴다. 파티에 가면서 멋지게 보이려고 하얀 모자를 쓰고 하얀 스카프를 둘렀다. 파티장에 가보니 똑같이 멋을 부린 사람이 한둘이 아니다. 신경 많이 써서 온갖 멋을 냈는데 멋있게 보이기는 틀린 일이다. 오히려 생각 없이 유행만 따라다니는 옷차림으로 변해버린다. 무조건 남을 흉내 내는 우스운 사람으로 보일 수도 있다. 글도 다르지 않다. 좋은 글귀라고 해도 흔하게 쓰인다면 인용을 자제하는 게 좋다. 생각만큼 효과는 없고 지겨운 글이 된다.

TV 예능 프로그램에서 눈물을 보이는 연예인들이 있었다. 힘든 시기를 넘어야 했던 자신의 삶을 이야기하면서 말이다. 유명 연예인의 눈물은 시청자들의 공감을 불러낸다. 감동을 주기도 하고 함께 눈물짓게 만드는 힘이 있다. 그런 공감과 눈물도 예전에나 가능했던 일이 됐다. TV에서 연예인의 눈물을 흔하게 보아왔던 시청자들은 이제 공감도 감동도 별로 느끼지 못한다. 많은 연예인이 비슷한 형태의 눈물을 보였기 때문이다. 눈물의 당사자에게는 아픔이고 고통이었을 게 분명하다. 그러나 이미 여러 번 보았던 시청자들은 눈길을 돌리게 된다. 식상하고 둔감해졌기 때문이다. 좋은 글귀도 그런 눈물과 비슷하다. 이곳저곳에서 볼 수 있는 글귀를 또 본다면 아무리 좋은 내용이라도 느낌이 덜하다. 너무 흔해지면 감동보다 식상함이 앞선다.

글을 쓸 때 좋은 글귀를 인용하는 건 글의 품격을 높이는 괜찮은 방법이다. 글에 힘이 생기고 독자에게 강한 메시지를 전달할 수 있다. 읽는 사람에게 생각할 거리를 제공하고 글을 멋지게 만들어준다. 그러나 너무 흔하고, 많이 들어보고, 자주 인용되는 글귀는 안 쓰는 게 낫다. 되레 글에 힘만 빠지게 만든다. 흔하다는 기준은 어떻게 정하면 좋을까? 아주 애매한 지점이기는 하다. 책을 보거나 글을 읽다가 또는 인터넷 서핑을 하다 '또 나오네?' 하는 생각이 드는 것들로 기준 삼으면 어떨까? 칼로 자르듯 명확하지는 않아도 적절해 보인다. 이 사람도 쓰고 저 사람도 쓰고 싶은 글귀는 아무리 좋은 내용도 신선함이 떨어진다. 그럴 때는 인용하고 싶은 욕심을 꾹 눌러야 한다. 그냥 일반적인 문장을 쓰는 게 더 낫다.

그래도 쓰고 싶다면 일부를 나만의 언어로 바꿔 사용하는 게 효과적이다. 문장 순서를 바꿔서 비슷하지만 새로운 느낌을 줄 수도 있다. 문장의 형태는 그대로 두고 내용을 자기 사례에 대입해서 표현을 바꾸는 방법도 있다. '마흔이 되면 자기 얼굴에 책임을 져야 한다'라는 문장을 '마흔이 되면 자기 마음에 책임을 져야 한다'라거나 '쉰에는 자기 얼굴에 더 큰 책임을 져야 한다'라는 식으로 바꿔서 쓴다. 문장의 구성은 같지만 느낌이 달라지고 신선한 맛도 살아난다. 좋은 글귀라고 무조건 인용하지 말아야 한다. 내 글에 실제 어떤 효과가 있을지, 역작용은 없을지도 미리 생각해보고 써야 한다.

첫 문장은 그냥 첫 문장일 뿐

"첫 문장이 중요하다." "첫 문장이 반이다." "첫 문장으로 유혹하라." "읽히는 글은 첫 문장이 결정한다." 글쓰기와 관련해서 흔히 듣는 말이다. 첫 문장이 얼마나 중요한지 강조하는 말들이다. 첫 문장의 사례로 흔히 드는 게 소설가 김훈의 작품이다. 소설 《칼의 노래》의 첫 문장은 '버려진 섬마다 꽃이 피었다'이다. 톨스토이의 소설 《안나 카레니나》도 미려한 첫 문장으로 유명하다. '행복한 가정은 모두 모습이 비슷하고, 불행한 가정은 모두 제각각의 불행을 안고 있다.' 어디 이뿐일까. 첫 문장이 유명한 글은 너무나 많다. 이렇게 좋은 문장을 볼 때마다, 그 중요성에 대해 들을 때마다 기가 팍팍 죽는다. 비슷하게라도 쓸 능력이 안 되니까. 그러나 달리 생각해 보면 군이 그럴 필요가 있을까? 내가 김훈도 톨스토이도 아닌데 말이다.

첫 문장에 대한 고민은 '그때'쯤 하면 어떨까. 유명한 작가가 됐을 때, 베스트셀러 저자가 됐을 때, 바로 '그때'. 한 꼭지 글을 그럴듯하게 완성하는 게 목표인 상황에서 훌륭한 첫 문장을 고민하는 것은 너무 이르다. 첫 문장은 그냥 첫 문장일 뿐이다. 그냥 그뿐이다. 글 속의 숱한 문장 중 하나이지, 그 이상도 그 이하도 아니다. 그러니 고민하지 않아도 된다. 그냥 쓰는 거다. 좋은 첫 문장을 고민할 시간에, 평범한 문장 열 개 아니 스무 개를 쓰는 게 낫다. 첫 문장에 대한 고민에서 헤어나지 못하면 아무것도 쓰지 못한다. 첫 문장에서 막혀 있으니 다음 문장은 말할 필요가 없다. 모든 게 첫 문장에서 멈춰버린다. 불후의 명작을 남길 것도 아니고, 문장 하나로 세상의 칭송을 들을 것도 아닌데 너무 지나친 고민은 시간 낭비일 뿐이다. 첫 문장, 어떻게 써야 할까? 그냥 쓰자. 되는 대로.

그냥 되는 대로 쓴 첫 문장이 좋을까? 그럴 리 없다. 그럼 어떻게 하느냐고? 고치면 된다. 글을 다 쓴 뒤에 다시 읽어보는 과정은 누구나 거친다. 다시 읽어보면 잘못된 부분, 고쳐야 할 부분이 보인다. 글 전체를 조망하면 어떻게 고쳐야 할지도 쉽게 알 수 있다. 어떤 첫 문장이 좋을지도 더 잘 보인다. 초고에 완성되는 글은 없다. 어떤 글이든 퇴고를 거친다. 글은 초고가 아닌 퇴고에서 완성된다. 그러니 첫 문장을 고민하느라 글 자체를 시작하지 못하는 건 좋은 선택이 아니다. 첫 문장을 쓰는 게 어렵다면 되는 대로 쓰고 나서 다시 생각하는 게 방법이다. 몇 달을 고민하면 명문이 나올까? 일단 쓰고 나서 여러 번 수정할 때 명문이 나올 가능성이 더 크다.

글을 읽는 사람들은 첫 문장에 감탄하고 녹아나지 않는다. 물론 그런 사람들도 있겠지만 흔하지는 않다. 신문·방송의 기사나 평론가들의 비평, 인터넷에서 좋은 문장이라는 이야기를 보고 나서야 '정말 훌륭하네' 하고 생각하는 경우가 더 많다. 대다수 독자는 글 전체로 평가한다. 그러니 첫 문장에 지나치게 얽매일 이유가 없다. 설사 '버려진 섬마다 꽃이 피었다'를 자기가 썼다고 해도 그렇다. 두 번째 문장은 어떻게 할 건가. 세 번째 문장은? 정말 좋은 첫 문장의 맛을 이어가는 건 보통 일이 아니다. 첫 문장만 잘 써놓고 뒤에서 계속 무너진다면 훌륭한 첫 문장도 의미가 없어진다. 좋은 문장으로 글 전체를 채우는 건 정말 어렵다. 일반 사람들의 글쓰기 실력을 무시해서 하는 말이 아니다. 현실이 그렇다. 멋진 문장을 마음대로 구사하는 능력이 있다면 첫 문장부터 독자가 눈을 뗄 수 없게 쓰는 게 좋다. 당연히 그래야 한다. 그러나 당장 문장 하나, 글 한 꼭지 완성하는 게 목표라면 첫 문장에 대한 심각한 고민은 일단 접어두자. 그냥 쓰는 게 우선이다. 쓰고 나서 수정하면 되니까. 글을 쓸 때도 결과를 봤을 때도 그게 더 효율적이다.

책 쓰기 전에 읽기부터

단군 이래 최대 호황. 웃자고 하는 소리지만 거짓말도 아닌 것 같다. 최근의 글쓰기 강좌를 두고 사람들이 하는 말이다. 모든 분야가 장기 불황인데 글쓰기 강좌는 사람들로 북적댄다. 글을 쓰고자 하는 사람 중에 많은 경우는 책을 쓰고 싶어 한다. 책의 저자가 되기를 원한다. 내 이름으로 책 한 권 출간하고 싶은 건 큰 욕망이다. 혹은 꿈이기도 하다. 10여 년 전만 해도 책을 내는 건 특별한 사람에게나 해당하는 일이었다. '내가?' '감히?' 이런 생각이 먼저 들었고 말 그대로 언감생심, 그런 마음을 품기 어려웠다. 요즘은 그렇지 않다. '내가?'에서 '나도!'로 확 바뀌었다. 바야흐로 저자의 다양화, 대중화 시대가 열린 것이다.

일부 사람들만 책을 내던 시대에 비하면 긍정적이다. 책은 누구나 낼 수 있고 내야 한다. 사람은 모두 자기 이야기를 갖고 있다. 이제는 너도나도 책을 출간하려 하고, 실제로 다양한 사람의 다양한 책들이 서점에 나온다. 글쓰기 강좌에 사람이 몰리는 것도 그런 이유가 크다. 내 이름으로 책을 내려는 사람이 그만큼 많아졌다. 바람도 아주 거센 바람이다.

책을 쓰려는 사람은 이렇게 늘어났는데 이상한 현상이 생기고 있다. 책을 읽는 사람은 갈수록 줄면서 책이 팔리지 않는다는 거다. 미스터리도 정말 풀기 힘든 미스터리다. 책 쓰기와 책 읽기가 무슨 상관이냐고 할지도 모르겠다. 골프 바람이 불면 골프용품이 잘 팔린다. 골프를 치려고 장비를 사들이니까 그렇다. 테니스 스타가 나오고 인기를 얻어도 마찬가지다. 테니스 공과 라켓이 불티나게 나간다. 골프를 치고 테니스를 치려는 사람이 많아져서 생기는 현상이다. 누가 봐도 너무 당연한 일이다. 한 번 해보거나 잘 해보려면 그 운동을 알아야 하고 기량을 닦아야 하니까. 책 쓰기도 다를 게 하나 없다. 책 쓰기 바람이 불면 책이 많이 팔려야 하는 게 당연하다. 책에 대해서 알아야 하고 자기가 쓸 분야를 공부해야 하기에 그렇다. 그런데 전혀 그렇지 않다는 게 미스터리다.

책 쓰기 지망생은 갈수록 늘고 책 판매는 갈수록 줄어드는 기묘함. 이런 현상 사이에는 얄팍한 계산이 숨어 있는 건 아닐까? '내가 쓸 책만 쓰면 되지 왜 책을 봐야 하지? 돈도 아깝고 읽기도 힘든데.' 이런 생각 말이다. '그 돈으로 맛있는 걸 사먹는 게 더 낫지.' 이렇게 생각할지도 모르겠다. 당장의 만족으로 따지면 책보다 맛집이 나은 건 사실이다. 그러나 책 쓰기를 꿈꾼다면 착각도 엄청난 착각이다. 읽지 않는 사람은 쓰지도 못한다. 공부하고 깨우치지 않으면 제대로 된 책을 쓸 수 없다. 책 한 권을 쓰려면 관련된 책 100권은 읽어야 한다는 얘기가 있다. 과장이 섞였을지 몰라도 틀린 말은 아니다. 그런데 읽지 않고 책을 쓰겠다면 앞뒤가 맞지 않는다. 누구나 자기 책이 출간되면 많이 팔리기를 기대한다. 본인은 사지도 읽지도 않으면서 자기 책이 많이 팔리기를 바란다면 그건 파렴치범과 다를 게 없다.

혹시 책을 읽지도 않고 깊은 고민도 취재도 자료 조사도 안 하고 저자가 되기를 꿈꾸는가? 자기가 가진 것만으로 어떻게든 저자가 되고 싶은가? 그런 마음이라면 책의 저자가 되기는 힘들다. 책을 읽지 않아도 책을 낼 수는 있다. 더 많이 공부하지 않는다고 출간이 불가능한 것도 아니다. 그러나 그건 독자에 대한 예의가 아니다. 사기에 가깝다. 그렇게 책을 내고 '나 책 쓴 사람이야'라고 말할 수는 있다. 그게 무슨 의미가 있을까. 요즘은 저자의 대중화 시대다. 널린 게 저자라는 말이다. 책 한 권 냈다고 옛날처럼 대단한 사람으로 봐주지도 않는다. 책 썼다는 걸 자랑하려 말고 얄팍한 기술로 책 낸 것을 부끄러워해야 한다.

책을 쓰려면 온몸을 내던져야 한다. 마음을 다해서 써야 한다. 스스로 뿌듯한 책을 써야 한다. 읽고 읽고 또 읽어야 그런 책을 쓸 수 있다. 나를 채우고 또 채워야 한다. 할 말이 쌓이고 쌓여 터져 나올 때 책을 써야 한다. 책을 읽지 않겠다면, 책 한 권 사는 돈도 아깝다면, 책 쓸 준비가 안 된 것이다. 저자가 될 자격이 없는 사람이다. 저자가 되어선 안 될 사람이기도 하다. 그런 저자는 되지 말아야 한다.

오늘부터 쓰면 된다

2장

하고 싶은 말과
읽고 싶은 글의 경계

메시지를 잘 전달하는 3요소

모든 글에는 메시지가 있다. 읽는 사람에게 하고 싶은 말, 전하려는 내용이 메시지다. 글은 메시지를 전달하기 위해 존재한다. 글을 읽은 사람이 '아, 이런 이야기구나' 하는 생각이 들도록 써야 한다. 메시지가 전달되지 않으면 글은 존재 의미를 잃는다. 읽은 사람이 '그래서, 하고 싶은 이야기가 뭐야?'라는 생각이 들지 않아야 한다. 메시지를 잘 전달하는 방법은 간단하다. 쉽고 분명하게 표현하면 된다.

한국전쟁 때 미군 장교가 한국 병사들을 모아놓고 작전 지시를 내려야 했다. 긴장을 풀어주려고 웃긴 이야기로 먼저 말을 꺼냈다. 장교의 말을 듣고 곤란해진 건 옆에 서 있던 통역병이었다. 미국 문화를 알아야 웃을 수 있는 유머였다. 미국은커녕 영어도 제대로 들어보지 못한 사람들에게 미국식 유머를 제대로 전달할 방법이 없었다. 그런데 통역병이 한마디를 하자 병사들이 큰 소리로 웃음을 터뜨렸다. 이번엔 미군 장교가 당황할 차례였다. 자기가 한 말이 이 정도로 웃긴 이야기가 아니었기 때문이다. 장교는 나중에 통역병에게 슬쩍 물어보았다. "뭐라고 통역했어?" "'이분이 지금 무척 웃긴 이야기를 했습니다'라고 했지요."

쉽고 분명한 메시지 전달은 이런 것이다. 어떤 의미의 이야기를 하는지 상대방이 금세 알아들을 수 있으면 메시지 전달에 성공한 것이다. 메시지가 잘 전달되는 글을 쓰려면 세 가지는 꼭 갖추어야 한다. 쉬운 단어, 단순한 문장, 비문이 아닌 문장.

새해 인사를 쓸 때 '근하신년'이 나을까, '새해 복 많이 받으세요'가 나을까. 근하신년(謹賀新年)은 '삼가 새해를 축하드립니다'라는 뜻이다. 틀린 말은 아니지만 나이 든 사람들도 잘 쓰지 않는 표현이고, 젊은 세대는 더더욱 쓰지 않는다. 처음부터 '새해 복 많이 받으세요'라고 표현하는 게 분명한 메시지 전달에 유리하다. 상대가 쉽게 알아듣는 표현을 택하는 게 훨씬 낫다.

일상에서 흔히 쓰는 단어 중에는 어려운 한자도 많다. 그런

단어를 풀어서 쓰기만 해도 글은 한결 쉬워진다. '도륙(屠戮)'
이라는 표현보다 '참혹하게 죽었다'고 쓰는 게 읽기도 쉽고
느낌도 살아난다. '의견을 개진했다'보다는 '의견을 밝혔다'
가 이해가 빠르다. 별것 아니라고 생각할 수 있지만 어려운
단어가 계속 나오면 글 전체가 읽기 힘들다는 인상을 준다.

문장은 짧고 단순해야 읽기 쉽고 이해도 쉽다. 주어와 술어
가 하나씩만 있는 단문이 바로 그런 문장이다. 주어와 술어가
직접 가서 닿으니 혼란이 생기지 않는다. 단문이 두 개 이상
이어진 문장은 중문, 한 문장 속에 주어나 술어가 두 개 이상
이면 복문이다. 중문과 복문은 단어를 어느 위치에 놓느냐에
따라 자칫하면 주어와 술어의 호응이 꼬일 수 있다. 중문, 복
문 이렇게 말하면 사실 머리가 아파진다. 학창시절 국어 시간
에 공부를 열심히 한 사람이 아니라면 잘 모른다. 글 쓰는 사
람도 문장 구성을 고민하고 글쓰기 관련 책을 제법 보지 않았
다면 알기 힘들다. 쉽게 생각하면 된다. 글 쓴 다음에 소리 내
어 읽어본다. 읽다가 호흡이 꼬이거나, 문장이 길어서 의미가
헷갈리는 문장은 골라낸다. 골라낸 것들은 수정한다. 한 문장
에 주어 하나와 서술어 하나만 있는 문장으로 바꿔서 쓰는 것
이다. 복잡한 문장을 단문, 즉 단순한 문장으로 만들면 메시

지 전달이 쉬워진다.

비문은 글의 질을 떨어뜨리는 주범이다. 말 그대로 문법이나 어법이 잘못된 글, 문장 구성이 안 되는 글이 비문이다. '글은 나를 치유하는 좋은 방법이다'라고 썼다면 비문이다. 주어인 '글'은 '방법'이 될 수 없다. 주어가 '글쓰기'가 되어야 서술어인 '방법'과 제대로 호응하는 문장이다. '힘을 기르고 끈기를 높여야 한다'라고 썼다면 역시 비문이다. 끈기를 높일 수는 없기 때문이다. 이렇게 별것 아니라고 생각하는 것들이 비문을 만든다. 주어와 술어가 제대로 호응하지 않는 문장은 흔히 볼 수 있다. 주술 부조화는 글을 쓸 때 자기도 모르게 저지르는 가장 흔한 실수다.

"3일 전에 우리는 만날 수 있다." 이 문장은 뭐가 문제일까. 시제가 잘못되었다. 과거, 현재, 미래를 넘나드는 시제를 글로 표현하는 건 의외로 쉽지 않다. 글쓰기에 익숙하지 않은 사람은 자주 실수할 수 있다. 비문은 메시지 전달을 아예 불가능하게 만든다. 글의 의미를 왜곡하거나 알 수 없게 만들기 때문이다.

쉬운 단어, 단문, 비문이 아닌 문장으로 쓴다고 글이 무조

건 쉬워지면 얼마나 좋을까. 세 가지 조건은 읽기 쉬운 글을 쓰는 방법의 일부에 불과하다. 글을 쓰는 사람은 자기만의 문장 스타일을 가지고 있다. 읽기 쉬운 글을 쓰는 것도 자기만의 방법이 있을 것이다. 문법이나 어법을 전혀 모르면서 쉬운 글을 쓰는 사람이 있고, 이론에는 통달하면서 글은 어렵게 쓰는 사람도 있다. 메시지를 잘 전달하는 글쓰기가 지식과 이론의 문제는 아니라는 말이다.

읽기 쉬운 글쓰기는 반드시 넘어야 하는 강이다. 글을 쓸 때마다 풀어내야 하는 숙명 같은 문제이기도 하다. 분명한 사실은 정해진 답은 없어도 풀지 못할 문제는 아니라는 점이다. 메시지를 잘 전달하는 나만의 답 찾아내기, 글을 쓰려면 피하지 말아야 하는 과제다.

마음을 움직이는 공감의 글쓰기

"국민연금 보험료, 내년부터 2.3% 오른다."

"월급 500만 원 받는 사람은 내년부터 국민연금 보험료를 45만 원 내야 한다."

화들짝 놀라지 마시라. 진짜 그렇다는 게 아니라 예로 들어 본 문장이다. 두 개의 문장은 같은 내용을 전하고 있지만 읽는 사람의 느낌은 크게 달라진다. 처음 문장은 분명한 사실을 단순하게 전달하고 있다. '아, 그런가? 또 오르네.' 이 정도의 느낌을 준다. 두 번째 문장은 눈이 확 쏠린다. 심장이 벌렁거린다. '이거 뭐야. 이렇게 많이?' 두 번째 문장에 격한 반응이 나오는 건 피부에 와닿는 표현 때문이다. 45만 원이라는 숫자가 '훅' 들어온다. 구체적인 숫자, 바로 체감할 수 있는 액수 때문에 가슴을 치고 들어오는 문장이 되었다.

같은 내용을 전하는 글인데 이렇게 다르게 느껴지는 이유는 뭘까? 읽는 사람이 체감할 수 있는 표현을 썼기 때문이다. 같은 내용이어도 어떻게 표현하느냐에 따라 글쓰기는 큰 차이가 난다. 읽는 사람에게 성큼 다가설 수 있는 글은 어떤 글일까? 읽는 사람이 자기 일처럼 느껴지도록 쓴 글이다. 독자가 글의 주인공인 것처럼 느껴지게 쓰면 마음을 건드릴 수 있다. 그런 글이 공감을 일으킨다. 글을 쓸 때 가장 고민해야 하는 건 명확한 메시지 전달이다. 그다음에는 어떤 표현을 써야 마음이 움직일지 고민해야 한다. 마음을 움직이는 글은 강력하고 기억에 남는다.

공감을 부르는 글쓰기에서 중요한 건 객관적 사실을 다르게 표현해서는 안 된다는 점이다. 피부에 와닿는 표현에 욕심을 내다 보면 사실을 왜곡하고 과장하고 싶은 유혹이 생긴다. 절대 있어서도, 해서도 안 되는 일이다. 사실을 왜곡하지 않으면서 마음을 건드리는 표현을 찾아야 한다. 같은 내용을 다르게 표현하려면 다양한 각도에서 보는 연습이 필요하다. 앞서 사례로 들었던 국민연금 인상도 마찬가지다. 첫 번째 문장을 쓴 사람은 사실 전달에만 충실했다. 두 번째 문장을 쓴 사람은 한 발 더 나아가 고민했다. 2.3%라는 인상률만으로는 쉽게 체감하기 힘들다고 판단했던 것이다. 그래서 월급이 500만 원인 근로소득자를 예로 들어 얼마를 내야 하는지 계산했다. 그렇게 끌어낸 45만 원은 글을 읽는 사람의 마음을 흔들기에 충분한 숫자가 되었다. 어느 각도에서 어떻게 표현하느냐에 따라 글의 파괴력은 이렇게 달라진다. 글의 방식이 달라지면 내용은 같아도 독자의 반응이 아예 달라진다.

공감을 부르는 표현을 쓰려면 읽는 사람의 입장에서 보는 연습을 해야 한다. 편지를 쓸 때 받는 사람의 눈으로 다시 읽어보면 안 보이던 것들이 보인다. 직장에서 보고서를 쓸 때는 상사의 눈으로 봤을 때 어떤 표현이 더 나을지 미리 생각해보면 큰 도움이 된다. 잘 쓴 문장은 마음을 건드린다. 좋은 표현은 읽는 사람의 마음을 어루만진다. 그래서 단순하게 잘 쓰는 것보다 사람의 마음을 살피면서 쓰는 일이 중요하다.

설명하지 말고 보여주라

《유혹하는 글쓰기》는 세계적인 작가 스티븐 킹이 글쓰기 방법을 풀어놓은 책이다. 베스트셀러를 숱하게 쓴 작가의 책이니 뭔가 비법이 있지 않을까 싶은데 제목까지 사람을 혹하게 만든다. 작가로 살아온 자기의 인생과 창작론을 담은 이 책은 글쓰기를 배우는 사람이 많이 찾는다.

글쓰기 표현법에 관해 그는 이렇게 말한다. 이를테면 "'그날 애니는 마음이 울적해서 자살이라도 하고 싶을 지경이었다'라든지 '그날 애니는 유난히 즐거워 보였다'처럼 직접적인 표현은 피하려고 노력했다. 그런 말을 굳이 해야 한다면 나는 실패한 것이다." 킹이 피하려고 했다는 직접적인 표현은 일반적으로 많이 사용하는 방식이다. '자살이라도 하고 싶을 지경이었다.' '즐거워 보였다.' 이런 표현은 아무런 문제도 없고 필자가 전하고자 하는 내용을 잘 전달한다. 그런데 왜 '실패한 것'이라고 말하는 걸까?

그는 자기의 표현방식을 이렇게 말해준다. "지저분한 머리를 하고 혼자 묵묵히 앉아 마치 강박감에 사로잡힌 듯 케이크와 사탕을 정신없이 집어 먹는 여자를 여러분에게 보여주는 것. 그래서 여러분으로 하여금 조울증 때문에 울적해진 상태라는 결론을 내리게 하는 것. 그것이 성공적인 작품이다."

킹은 독자가 글을 머리와 눈으로만 읽게 내버려두지 않는다. 가만히 앉아 있는 독자에게 상황을 보여주고 직접 판단하도록 이끈다. 독자를 독자의 자리에만 머무르게 두지 않고 글 속으로 들어오게 만드는 것이다. 주인공의 생각이나 감정, 느낌을 직접 판단하면서 독자는 자연스럽게 글에 빠져든다. 소설의 주인공과 같은 자리에서 글을 읽는다. 이 정도면 글의 흐름에 자기도 모르게 몸을 맡기게 된다. 그래서일까? 스티븐 킹의 소설은 베스트셀러 자리를 놓치지 않는다.

글을 쓸 때 많은 사람이 독자에게 무언가를 말해주려 한다. '이건 이런 것이야'라면서 자기 판단을 설명하려고 애쓴다. 그게 메시지를 전하는 명확한 방법이라고 여긴다. 틀린 방법은 아니지만 썩 좋은 방법은 아니다. 친절하기는 하지만 자칫하면 독자에게 필자의 생각을 강요하는 압박이 될 수 있다. 대화할 때를 생각해보면 이해가 빠르다. 파스타가 맛있다고 침 튀기며 이야기한다고 상대방이 '그렇겠구나' 하고 수긍하기는 쉽지 않다. 파스타가 어떤 음식인지 모르는 사람이라면 더욱 그렇다. 그런데도 '정말 그렇다'고 계속 이야기한다면? 강요와 다르지 않다. 맛있다는 말은 직접 하지 않으면서 파스타의 다양한 생김새나 소스와 조화를 잘 이룰 때의 독특한 맛을 이야기해주면 어떨까. 상대방은 자기도 모르게 침을 꿀꺽 삼킬 것이다.

"지하철에 사람이 많아 무척 혼잡했다"와 "지하철은 발 디딜 틈조차 없었다. 고개를 돌리면 옆 사람과 입맞춤을 할 판이었고 키가 작은 나는 한쪽 발이 허공에 살짝 떴다"라는 표현은 읽는 사람에게 전혀 다른 느낌을 준다. 지하철을 타고 있는 것처럼 느끼게 하려면 '혼잡했다'라는 말은 안 해도 된다. 독자가 그 지하철에 타고 있는 느낌이 들도록 표현해야 최고의 효과를 끌어낸다. 독자를 글 속으로 끌어들이는 일이다. 이제 독자는 그 지하철을 타고 글 속의 주인공들과 함께 달려간다. 필자가 의도하는 대로 따라오게 만든 것이다.

"설명하지 말고 보여주라." 글쓰기 기술 중에 자주 듣고 많이 접하는 말이다. 글 쓰는 사람이 자기 생각을 글에서 자꾸 '설명'한다면 독자는 생각할 여지가 없어진다. 억지로 끌고 가려 한다는 오해를 받고 독자에게 반발심을 일으킨다. 저자가 자꾸 '설명하면' 독자는 글 밖에서 맴돈다.

백문불여일견(百聞不如一見). 백 번 듣는 것보다 한 번 보는 게 낫다. 글쓴이가 백 번 이야기하는 것보다 독자가 자기 눈으로 그 상황을 볼 수 있도록 하는 게 효과적이다. 독자가 가슴으로 직접 느낄 수 있어야 한다. 글 속에서 생각이나 감정, 느낌, 상황을 표현할 때는 간접적 표현이 더 좋은 효과를 불러온다. 독자에게 생생하게 꽂히고 강력한 몰입을 이끈다. 글을 쓰다 독자에게 직접 말해주고 싶을 땐, 스티븐 킹의 말을 한번 떠올려보라. "직접적 표현을 한다면 실패한 것이다." "독자가 결론을 내리게 하라."

디테일! 디테일! 디테일!

어떻게 써야 글이 살아 있는 듯 생동감 넘칠까. 저마다 꼽는 게 다르겠지만 나는 디테일을 꼽고 싶다. 작가들은 전체의 큰 틀을 설정하는 아우트라인을 중요하게 생각한다. 그에 못지않게 상당한 공을 들이는 건 아주 작은 디테일이다. 작은 부분들이 허술하면 큰 얼개가 아무리 튼튼해도 글은 무너지기 쉽기 때문이다.

요 네스뵈는 노르웨이의 범죄 스릴러 작가다. 그가 쓴 '해리 홀레 시리즈'는 전 세계에서 4000만 부가 팔려나갔다. 소설을 쓰기 위해 그는 수많은 사람을 만난다. 교도소 수감자, 은행 강도, 마약 중독자, 경찰, 신부 같은 사람들이다. 그가 이렇게 다양한 사람들을 만나는 이유는 글의 디테일을 살리고 생명력을 불어넣기 위해서다. 2차 세계대전을 다룬 소설을 쓸 때는 당시 참전했던 군인을 직접 만났다. 참전군인을 만나면서 그는 상상으로는 도저히 만들어낼 수 없는 사실을 알게된다. 총알이 빗발치는 참호 속에서 군인들은 철모를 벗는다고 한다. 참호 밖에서 부는 바람이 철모에 부딪히면서 내는 소리가 견딜 수 없을 정도로 고통스럽기 때문이었다. 그는 말한다. "이런 디테일은 검색으로 찾을 수 없다." 글에 생명력을 불어넣는 건 이렇게 아주 작은 디테일이다.

"오전 7시 40분에 집을 나서면 엘리베이터에서 출근하는 8층 아주머니를 만난다. 깔끔한 정장차림인데, 파마한 머리는 덜 말린 상태로 물기가 많아 조명에 반짝거린다. 1층으로 내려가는 동안 중간층에서 누가 엘리베이터를 타면, 얼굴을 찡그리면서 엘리베이터 문 닫힘 버튼을 빠르게 세 번 누른다. 중간에 한 번 더 엘리베이터가 서면 찡그려 생긴 얼굴의 주름이 깊어지고 한숨 소리도 들린다. 엘리베이터가 1층에 도착하고 문이 열리면 가장 먼저 뛰쳐나간다. 똑똑, 똑똑, 구두 굽과 대리석 바닥이 부딪쳐 나는 소리는 금세 멀어진다. 내가 아파트 1층 현관에 다다를 즈음이면 그 아주머니는 길을 건너 10미터 정도 앞서가고 있다."

출근길에 만나는 풍경을 그린 글이다. 읽고 있노라면 8층 아주머니가 눈앞에 서 있는 것 같다. 마치 함께 출근이라도 하는 듯하다. 영상으로 8층 아주머니의 움직임을 보는 느낌이다. 글을 쓸 때는 이렇게 구체적인 부분을 상세히 표현하는 게 좋다. 읽는 사람의 머릿속에 영상처럼 떠오르도록. 그런 디테일이 성공한 디테일이다.

글쓰기 수업을 하다 보면 지나치다 싶을 만큼 막연하게 표현한 글을 많이 본다. 쓴 사람만 알 수 있는 추상적이고 애매한 표현들이다. 이런 표현에서 읽는 사람이 알 수 있는 건 제한적이다. 메시지를 전해야 하는데 바닥에서부터 실패하고 있는 셈이다. 도스토옙스키의 소설 《죄와 벌》은 주인공들의 심리 묘사가 매우 탁월하다. 심리소설이라고 불러도 될 만큼 상세하게 표현하고 있다. 도스토옙스키는 자신의 메시지를 가장 잘 전달할 방법으로 심리 묘사를 선택한 것이리라. 그는 '주인공은 심각한 고뇌에 빠졌다'라고 표현하지 않는다. 그 고뇌 자체를 세세하게 묘사한다. 주인공의 머릿속에서 일어나고 있는 생각들을 얼개로 삼아 글을 펼쳐낸다. 독자는 주인공의 고뇌를 읽지 않는다. 문장으로 본다. 읽지 않고 볼 수 있게 하는 게 바로 글의 디테일이다.

글에서 '기쁘다'는 글자를 읽으면 기쁠까? '아름답다'는 글자를 읽으면 아름다움이 느껴질까? 글자 자체는 감정을 있는 그대로 전달하지 못한다. '아, 그런가 보다' 하고 생각하게 할 뿐이다. '기쁘다'라고 써서 독자들이 기쁘다는 걸 읽게 하지 말아야 한다. 왜 기쁜지 어떤 상황인지를 상세하게 써야 한다. 읽도록 하는 게 아니라 기쁜 이유를 볼 수 있게, 느낄 수 있게 해야 한다.

'오랜만에 연인을 만나서 기뻤다'라는 표현은 얼마나 막연한가. 얼마나 오랜만인지, 어떻게 만났는지, 가슴이 얼마나 두근두근했는지 알 길이 없다. 뜨거운 마음에 길거리에서 자기도 모르게 입맞춤을 했다고 쓰면 어떨까. '아름답다'라는 표현도 그 자체로는 아름다움을 보여주지 못한다. '그 숲은 아름답다'라고 쓰면 아무런 느낌이 없다. 숲의 모습을 상세하게 표현해서 읽는 사람이 '그 숲은 정말 아름답구나' 하고 느끼게 해야 한다. 디테일을 살릴수록 글은 재미있고 생생해지고 꿈틀거린다. 디테일이 없는 글은 시든 꽃이다.

그대가 보기에 좋았더라

성경의 〈창세기〉에는 반복되어 나오는 구절이 있다. '하나님 보시기에 좋았더라'라는 문구가 그것이다. 빛과 하늘, 땅과 바다, 태양에서 사람까지 세상 만물을 만들고 느끼신 흡족함이 오롯이 드러나는 구절이다.

글을 쓸 때도 비슷한 일이 생긴다. 다 쓰고 나서 읽어보니 이런 생각이 든다. '내가 보기에 좋았더라.' 자신의 생각과 메시지를 쓰고 흡족함을 느낄 수 있으면 글이 잘 써진 것이니 얼마나 좋겠는가. 그런데 '내가 보기에 좋았더라' 이상으로 중요한 게 또 있다. 바로 '읽는 사람이 보기에 좋았더라'이다. 글은, 특히 메시지 전달이라는 목적을 가진 글은 나(쓰는 사람)보다 그대(읽는 사람)가 보기에 좋아야 한다. 글 쓴 나는 감탄하고 좋아하는데, 정작 읽는 사람이 무슨 소리인지 모른다면 잘못된 글이다. 글을 쓸 땐 읽는 사람에게 어떤 의미로 전달될지를 생각해봐야 한다.

　어느 기업에서 외국의 대규모 건축사업을 맡아 몇 년에 걸친 공사 끝에 마침내 완공했다. 대공사였고 고난도 토목공사여서 전 세계의 시선이 쏠렸다. 준공식 행사에 그 나라의 고위 관료들이 대거 참석할 정도로 의미가 컸다. 업체에서는 보도자료를 대대적으로 보냈다. 물론 사진도 함께 보냈다. 그 사진은 어떤 것이었을까?

　상식적으로 생각하면 완공된 모습의 사진이어야 했다. 그런데 보도자료에는 얼토당토않은 사진이 첨부되었다. 몇 년 전 공사를 시작할 때 회사 고위층이 첫 삽을 뜨는 사진이었다. 임원진이 공사 시작을 알리는 현수막 앞에서 삽을 들고 있는 모습. 세계적으로 화제가 된 공사인데 완공 사진이 아니라 몇 년 전 사진이라니. 도대체 왜 그랬을까?

　내(보도자료 작성자)가 보기에 좋은 것만 생각했기 때문이다. 회사 고위층 사진이 다양한 미디어에 노출되면 실무자로서 성과도 드러나고 기분도 좋을 테니까. 그런데 독자들은 그 사진을 보고 싶어 했을까? 그렇지 않았을 게 분명하다. 자기와 아무 관계도 없고 뉴스 상황도 보여주지 못하는 사진을 원할

리 없다. 독자들이 궁금한 건 현장의 모습이다. '어떻게 생겼을까?' 하는 궁금증이 충족되어야 했다. 보도자료와 함께 보낸 사진은 대부분 미디어에 실리지 않았다. 대신 외국 매스컴에 보도된 사진이 그 자리를 차지했다.

보도자료는 누가 읽을까? 자료를 바탕으로 기사를 쓰는 기자가 최초의 독자이고, 종국에는 기사를 읽는 독자들이다. 기자나 독자가 원하는 내용을 담는 게 원칙이다. 그런데 내(보도자료 작성자)가 보기 좋은 내용만 담은 보도자료는 결국 쓰레기통에 처박히는 신세가 됐다. 메시지를 전달하는 글의 요건을 갖추지 못했기 때문이다.

목적이 있고 분명한 메시지를 전달해야 하는 글이라면 나(쓰는 사람) 보기에만 좋은 글이 아니어야 한다. 나(쓰는 사람)보다 그대(읽을 사람)가 보기에 좋은 글이어야 한다. 글의 초점을 읽는 사람이 원하는 것에 맞추는 게 우선이다. 그렇게 하려면 읽는 사람이 원하는 메시지를 부각하는 방법에 대한 고민이 필요하다.

글을 쓰면서 내가 드러내고 싶은 것들이 있어도 참고 또 참는 게 미덕이다. 퇴고할 때 그런 내용이 눈에 보인다면 그때는 절대 참으면 안 된다. 과감하고 신속하게, 냉정하게 삭제해야 글이 통째로 버려지지 않는다. 메시지를 분명히 전달하려면 글을 쓰고 나서 나의 눈이 아니라 읽을 사람의 눈으로 다시 읽어보고, 내가 보기에 좋다면 혹시 문제가 있는 건 아닌지 되짚어보아야 한다. '독자가 보기에 좋았더라' 하는 글이 메시지를 잘 전달한 글이다.

중2가 독자라고 생각하라

　글이라는 건 묘한 구석이 있다. 글을 쓸 때는 누구나 잘 쓰려 한다. 없던 투지도 불타오르고 욕심이 마음을 꽉 채운다. 멋지게 쓰고 싶고 자신이 알고 있는 걸 모두 드러내고 싶어진다. 읽는 사람이 고개를 끄덕이고 감탄할 정도가 되면 만족감은 더 커진다. 운치 있는 문장으로 감성을 한껏 자랑하고 싶은 욕심이 스멀스멀 솟아난다. 그런 욕심이 잘못된 건 아니다. 그러나 글을 어렵게 만드는 바람직하지 않은 탐욕으로 흐를 수 있다.

　운동 좀 해본 사람은 '몸에 힘을 빼야지 자세가 나온다'는 말에 공감한다. 어떤 운동이든 몸에 힘이 들어가면 제대로 효과를 볼 수 없다. 글도 마찬가지다. 어깨에 힘이 들어가거나 생각에 힘이 들어가면 글이 딱딱해지고 어려워진다. 문장이 딱딱해지고, 문맥이 복잡해지고, 내용이 어려워지고, 초점이 흔들린다. 읽기 힘들어진다는 말이다. 어떤 이유에서든 읽기 힘들다면 좋은 글이 아니다. 읽기 힘든 글은 메시지를 잘 전달하지 못한다. 글은 무조건 쉽게 쓰는 게 좋다.

사회적으로 유명한 사람들의 칼럼을 신문에서 흔하게 만날 수 있다. 그중 어떤 사람은 학문 용어나 지나치게 어려운 어휘를 자주 동원한다. 읽다 보면 '이 정도는 알고 있겠지' 하는 필자의 숨은 목소리가 들린다. 그런 글은 독자들이 끝까지 읽기 힘들다. 읽어야 할 이유도 없다. 글은 읽히지 않으면 의미가 없다. 쓴 사람은 '잘 썼지! 폼나지!' 할지 모르겠지만 착각이다. 그야말로 금의야행(錦衣夜行). 아무것도 보이지 않는 칠흑 같은 밤중에 비단옷 입고 다니는 꼴이다. 아무도 알아보지 못하는데 비단옷이 무슨 의미가 있나. '임금님 귀는 당나귀 귀!'라고 한밤중 숲 속에서 외쳤을 땐 혼자만의 외침일 뿐이었다. 그 외침에 특별한 의미가 부여된 건 누군가 알아들었기 때문이다. 읽어도 무슨 소리인지 알기 어려운 글이라면 의미가 없는 건 물론이고 메시지 전달력도 낙제점이다.

신문기사는 누가 읽을까? 불특정 다수가 읽는다. 정해진 독자층이 없다. 70대도 읽고 10대도 읽는다. 20대와 40대 역시 읽는다. 어느 세대나 읽으니 정해진 나이가 없다. 카페 주인도 읽고 아르바이트생도 읽는다. 말단직원도 경영자도 같은 신문을 읽는다. 고등학생도 읽고 대학교수도 읽는다. 정해진 직업도 없다. 남자도 읽고 여자도 읽으니 성별도 가리지 않는다. 누가 읽느냐에 따라 기사를 쓰는 방식도 사용하는 단어도 달라지는데 읽는 사람을 특정할 수 없는 게 특징이다. 그렇다면 기사를 쓸 때 누구에게 맞춰서 써야 할까.

정해진 기준은 없다. 기준이 있다면, 쉽게 쓴다는 것 하나. '쉽게'라는 말도 사실은 막연하다. 그래서 그 기준을 중2라는 가상의 독자로 정한다. 왜 중2일까. 중학교 2학년 정도면 읽을 수 있고, 읽어서 이해할 수 있어야 한다는 뜻이다. 사실 중2를 타깃으로 해야 한다는 규정 같은 것은 없다. 꼭 지켜야하는 불문율도 아니다. 그 옛날 누군가 예를 들면서 던진 말이 전해 내려왔을 수도 있다. 어찌 됐든 꽤 괜찮은 기준이다. 달을 보라고 가리키면 꼭 손가락을 보는 사람이 있다. 여기서 중요한 건 '중2'가 아니다. 그 정도로 쉽게 써야 한다는 의미다.

쉽게 쓰면 글의 품격이나 수준이 떨어진다고 생각하는 사람들이 있다. 착각이다. 어렵게 쓰는 글이야말로 품격은 없고 알아주지 않는 명예만 있다. 독자는 짜증만 덕지덕지 쌓인다. 어려우면 어려울수록 읽는 사람이 줄어든다. 쉬운 글은 친근하고 다정다감한 느낌이 가득하다. 글 쓴 사람과 읽는 사람이 공감으로 연결된다. 쉽게 읽혀야 메시지가 잘 전달되고 매끄럽게 읽힌다. 중2도 읽기 쉽고 이해하기 쉬운 글쓰기. 글 쓰는 사람이 풀어야 할 또 하나의 숙제다.

독자의 언어를 사용하라

　용돈이 필요한 아이가 머리를 이리저리 굴려본다. '어떻게 하면 엄마한테 용돈을 더 받을 수 있을까?' 그렇게 한참을 궁리하던 아이는 일기장을 꺼내서 용돈이 필요한 이유를 적는다. 엄마가 몰래 일기장을 본다는 걸 알고 역공작을 펴는 중이다. 예상대로 일기장을 펴본 엄마. 그런데 엄마는 난감한 표정이다.

　핵인싸, 아싸, 문상, 버카충, 엄카……. 이상한 단어로 가득하다. 엄마는 아이에게 물어보지도 못한다. 일기장을 몰래 봤다고 할 수는 없으니까. 아이는 결국 용돈을 더 받으려는 공작에 실패했다. 이유는 간단하다. 아이는 '아싸(아웃사이더, 혼자 노는 사람)를 벗어나 핵인싸(많은 사람과 잘 어울리는 사람)가 되려면 엄카(엄마 카드)가 필요하다'고 썼는데 정작 엄마는 그게 무슨 소리인지 하나도 이해하지 못했다.

커뮤니케이션에서 좋은 성과를 올리는 방법 중 하나는 '상대방의 언어'를 사용하는 것이다. 사람은 어디에서든 자연스럽게 자기의 언어를 사용한다. 무의식적으로 그렇게 한다. 서로 간에 오해가 생기고 소통이 어려운 건 그런 이유가 크다. 그럴 때 상대방의 언어를 사용하면 소통이 훨씬 쉬워진다. 글을 쓸 때도 크게 다르지 않다. 메시지를 전하는 글은 대부분 특정 독자를 대상으로 한다. 그런데 글을 쓰는 사람은 자기 방식대로 자기의 언어를 사용한다. 뭐 그럴 수 있는 일이다. 문제는 메시지 전달이라는 목적을 달성하기 어려울 수 있다는 점이다. 엄마에게 용돈을 더 받으려 했던 아이가 사용한 단어는 엄마의 언어가 아니라 자기의 언어였다. 엄마는 뜻을 이해하지 못했고 아이가 원하는 게 무언지 알 수 없었다.

'비산먼지'라는 말은 무슨 소리일까. '대관업무'는 어떤가. 비산먼지에서 비산은 한문인 비산(飛散)에 먼지를 접합한 용어다. 배출구 없이 직접 대기로 퍼져가는 먼지를 뜻한다. 행정기관에서 흔히 쓰는 용어다. 대관업무는 대관(對官), 즉 관청을 상대로 하는 업무를 뜻한다. 기업에서 일상적으로 쓰는 용어다. 말하자면 '전문용어(?)'인 셈이다. 그들만의 언어이니 일반인은 잘 모를 수밖에 없다. 아예 못 들어본 사람도 있다. 그런데도 일반 시민이나 기업 외부에 보내는 문서에 이런 용어를 당연하다는 듯 쓴다. 자기들이 일상적으로 쓰는 언어이니 상대방도 알 거라는 무의식적 판단이 깔려 있어서 그렇다. 상대방의 언어를 고려하지 않고 자기의 언어만 사용하는 글은 소통을 방해한다. 더 큰 문제는 글쓴이가 그런 일이 생길 거라는 인식조차 없다는 점이다.

글을 쓸 때 사용하는 어휘는 쓰는 사람의 선택이고 역량이다. 아무 생각 없이 어려운 어휘를 쓰는 사람도 있고, 일부러 어려운 어휘를 사용하는 사람도 있다. 반면에 일일이 풀어서 문장 속에 녹여내는 사람이 있다. 선택은 글 쓰는 사람의 몫이지만 이해하기 쉬운 어휘를 택하는 게 좋다.

모든 글은 읽는 사람을 전제로 한다. 꼭꼭 숨겨놓은 일기도 엄마가 읽는다. 그런데 읽는 사람이 이해하지 못하는 어휘를 쓰는 건 읽지 말라는 소리와도 같다.

글을 쓸 때 전문용어를 즐겨 사용한다면 한 번쯤 생각해봐야 한다. '읽는 사람이 이 말의 뜻을 이해할 수 있을까?' '어떻게 해석될까?' '어떤 느낌으로 읽힐까?' 이렇게 잠깐의 고민으로도 쉽고 잘 읽히는 글쓰기가 가능하다. 글쓰기도 커뮤니케이션이고 '상대방의 언어 사용하기'는 실천하기 쉽고 효과적인 소통 방법이다.

오늘부터 쓰면 된다

독자가 궁금하지 않게

"세상에 그런 사람이 또 있을까. 그는 타노스와 다르지 않다." 이게 뭐지? 글을 읽다가 멈춰야 했다. 도대체 알 수 없는 문장이었다. 죽죽 읽어가던 호흡을 끊은 건 '타노스'였다. 나머지 부분이야 어려운 게 없었으니까. 타노스가 뭘까? 누군가는 알겠지만 나는 몰랐다. 세상 사람들 대부분이 알았을 수도 있지만 나는 처음 들어본 단어였다. 옆자리 후배에게 물어보니 그도 모른다 했다. 또 다른 사람에게 물어보고서야 알수 있었다. 타노스는 영화 〈어벤져스〉 시리즈에 나오는 악의 대장이다. 악 중에서도 최고의 악을 맡은 캐릭터 이름. 타노스를 모르는 사람이 위의 문장을 읽었다면 나와 똑같았을 거다. 단어의 의미를 모르니 글이 전달하려는 메시지를 이해하지 못하는 건 당연하다.

애국가, 소, 개, 눈, 비, 장미…. 이런 단어는 굳이 설명이 필요하지 않다. 누구나 아는 것들이니까. 타노스는 아는 사람만 안다. 영화를 본 사람만 안다. 아무리 유명한 영화라도 보지 않은 사람은 있다. 세상 모두가 안다고 할 수 없는 이런 단어는 꼭 부연설명이 필요하다. 설명을 넣는 게 부자연스러운 경우라면 글의 맥락을 통해 저절로 알게 되는 장치를 마련해야 한다. 그래야 글 쓰는 사람이 전하고자 하는 메시지가 명확하게 전달된다.

독자가 어떤 글을 읽는 도중에, 또는 다 읽고 나서 궁금증이 생길 때가 있다. 모르는 내용, 단어, 인물이 있을 때 그렇다. 물론 독자가 식견이 부족해서 그런 경우도 있다. 그렇다고 해도 모르겠는 건 모르겠는 거다. 어떤 글이든 독자가 그 글에 쓰인 모든 단어들의 의미를 다 알아야 하는 건 아니다. 알 수도 없다. 모르는 게 나오면 일단 궁금하니 인터넷 검색이라도 해야겠지만 그럴 독자는 드물다. 글 하나 읽으며 굳이 인터넷까지 검색할 필요가 있을까? 꼭 필요한 글이 아니라면 안 읽으면 그만이다. 세상에 차고 넘치는 게 글이고 책이다. 짐작하건대 모르는 게 나온 그 지점에서 읽는 걸 멈추거나 건너뛸 가능성이 높다.

글을 쓰는 사람은 독자에게 궁금증이 생기지 않게 할 의무가 있다. 궁금할 수 있는 건 글 속에서 모두 해소해줘야 한다. 궁금증이 자주 생기는 글은 잘 읽히지 않는다. 모르는 게 자꾸 발목을 잡으니 읽다가 멈추게 된다.

읽는 사람을 궁금증에 빠뜨리는 건 대단한 것들이 아니다. 첫 문단에서 예로 든 '타노스' 같은 것들이다. 단어 하나, 용어 하나가 글 전체의 메시지 전달을 흔들어놓는다. '헤밍웨이처럼 힘 있는 문장을 쓰고 싶다'라고 썼다고 하자. 헤밍웨이가 누구인가. 세계적 명작 《노인과 바다》를 쓴 그 사람이다. 노벨문학상을 받은 미국 소설가. 《무기여 잘 있거라》, 《누구를 위하여 종은 울리나》라는 제목도 멋진 작품을 쓴 그 사람 말이다. 워낙 유명한 소설가이니 많은 사람이 아는 것은 분명하다. 그러나 모든 사람이 다 아는 건 아니다. 책이나 문학에 관심이 없는 사람은 모를 수도 있다. '이게 누구지? 헤밍웨이처럼은 무슨 뜻이지?' 이런 의문이 생기는 것도 얼마든지 가능하다. 글을 쓴 사람은 자기가 잘 알고 있는 건 물론이고 유명한 사람이니 대부분 안다고 생각하기 쉽다. 오판이다. '그 정도는 알아야 하는 것 아냐?' 한다면 오만이다. 세상 사람들이 모두 헤밍웨이를 알 필요는 없다.

어떤 교사가 불특정 대중이 읽을 글에 '나이스는 학생 정보 수록에 문제가 있다'고 쓴다면 무슨 소리인지 모르는 사람들이 꽤 많을 것이다. 학생과 학부모, 교육계에 있는 사람이 아니라면 관심 밖의 내용이어서 그렇다. 글이 독자를 궁금하게 만드는 건 대부분 쓴 사람의 잘못된 판단에서 비롯한다. 독자는 읽기를 멈추고 내용 단절을 겪으며 메시지는 부러진다.

책이나 글을 읽다 보면 이런 표현들이 나온다. "○○○은 이렇게 말했다." 여기서 ○○○은 누구일까. 아무런 설명이 없으면 읽는 사람은 궁금해진다. 그 사람이 누구인지, 왜 이 글에 나와야 하는지 알 수가 없으니까.

독자의 궁금증을 풀어주는 방법은 간단하다. 몇 개의 단어, 하나의 문장이면 충분하다. '타노스'는 '영화 〈어벤져스〉 등장인물 중 최고 악의 상징 타노스'라고 써주면 해결된다. 이 정도만으로 글의 내용이 모두 이해된다. '헤밍웨이처럼'은 '노벨문학상을 받은 미국 소설가 헤밍웨이처럼'으로 쓰면 의미전달이 쉽다. '나이스'는 앞에 '교육행정정보시스템'이라는 말을 덧붙이면 된다. 글을 쓸 때는 독자에게 궁금증을 불러일으키는 지점을 남기지 말아야 한다.

글 속에서 궁금증의 단서를 찾을 수 없다면 글에 대한 집중도가 떨어진다. 내용을 잘 모르면서 읽으니 당연하다. 독자를 궁금하게 만들면 글의 메시지 전달에 구멍이 생긴다. 궁금증이 생길 만한 내용은 모두 글 속에서 해소해줘야 한다.

하나의 목소리로

다양한 목소리가 뒤섞여 화음을 만드는 게 민주주의 사회의 특징이다. 남과 다른 자기만의 목소리를 얼마든지 낼 수 있다. 하나의 틀에 얽매이거나 강요당하지 않고 자기 의사를 충분히 밝힌다. 그리고 그것을 인정해준다. 다양성은 민주주의뿐만이 아니라 우리가 살아가는 어느 분야에서나 중요하다. 그런데 이런 다양성의 원칙을 적용하지 말아야 할 곳이 있다. 글쓰기를 할 때가 그렇다. 글 한 편 안에 다양한 목소리가 나오면 안 된다. 다양한 목소리가 아니라 오히려 반대쪽으로 가야 한다. 딱 하나의 목소리만 있어야 한다.

글의 목적은 메시지를 전달하는 것이고, 한 편의 글에는 하나의 메시지가 담긴다. 한 편의 글 속에 나오는 모든 것들은 그 메시지를 전달하기 위해 존재해야 한다. 메시지를 벗어나는 다른 목소리를 허용하면 글이 사정없이 흔들린다.

한 편의 글은 많은 요소를 포함하고 있다. '꽃집의 아가씨는 예뻐요'라는 내용으로 글을 쓴다면, 메시지를 구성하는 주장이 있어야 한다. 그 주장을 뒷받침하는 논리도 필요하다. 관련된 이야기를 끌어오고 메시지에 부합하는 사례도 넣는다. 필요하다면 인터뷰도 한다. 이렇게 많은 요소를 동원해서 길게 쓰는 이유는 딱 하나, '꽃집의 아가씨는 예뻐요'라는 메시지를 전달하기 위해서다. 그 메시지를 독자들에게 전하고, 설득하고, 입증하고, 공감을 불러내기 위한 것이다. 글을 쓰면서 많은 내용을 이야기하지만 사실 메시지는 간단하다. '꽃집의 아가씨는 예뻐요'라는 한 가지 메시지를 전하기 위해 그 많은 이야기를 쓰는 것이다. 글 속에 존재하는 주장, 논리, 사례, 인터뷰 등은 그 메시지 하나를 뒷받침하기 위해 존재해야 한다. 그중 하나라도 다른 목소리를 내면 글은 초점을 잃는다.

글이 길어지다 보면 다른 이야기가 아무렇지도 않은 듯 끼어든다. 쓰는 사람은 넣고 싶은 이야기가 차고 넘친다. 이런 이야기 하나쯤 어때서 하는 생각이 들기 때문이다. 예를 들어, 꽃집의 아가씨가 얼마나 공부를 잘하는지 슬쩍 비친다. 책임감이 강하다는 이야기도 넣는다. 하는 김에 효심이 얼마나 대단한지도 끼워넣는다. 어차피 모두 주인공에 관한 이야기라는 점에서 큰 문제를 느끼지 못한다. 당연히 넣어야 하는 것들이라고 생각한다.

그러나 그 순간 메시지는 길을 잃는다. 다양한 목소리가 나오면서 글의 메시지도 다양해진다. 이 이야기, 저 이야기, 그 이야기도 쓴 글이 된다. 메시지가 많아지면 독자는 혼란에 빠질 수밖에 없다. 이 글이 꽃집의 아가씨가 예쁘다는 이야기인지, 공부를 잘한다는 이야기인지, 책임감에 관한 이야기인지 헷갈리고 만다. 그 모든 것에 관한 이야기면 어떠냐, 어차피 그 사람 이야기 아니냐고 주장할 수 있다. 안 될 이유는 없다. 그렇지만 글의 메시지는 포기해야 한다. 이 이야기도 아니고 저 이야기도 아닌 글이 된다. 이런 글은 말 그대로 두서없는 글이다.

많은 글이 너무 많은 이야기들을 담는다. '쓰고 나서 보니 글이 생각보다 너무 짧아서. 분량을 좀 늘려야 할 텐데' 하면서 덧붙이다 보면 의미 없는 이야기를 끼워넣게 된다. 하고 싶은 이야기가 많을 때도 자칫하면 비슷한 결과가 나온다. 메시지와 별 관계가 없는데 버리기가 아깝다. 그럴 때는 이런 마음이 든다. '이 정도야 어때.' 그렇게 이야기를 넣다 보면 메시지와 관련 없는 이야기가 글을 지배하게 된다.

두서없다는 말은 앞뒤가 없고 갈피를 잡을 수 없다는 뜻이다. 목적을 상실한 글이다. 그런 글이 되지 않으려면 글 속의 모든 요소가 서로 다른 목소리를 내면 안 된다. 쉼표 하나, 마침표 하나까지도 메시지를 뒷받침하기 위해 존재해야 한다. 하나의 목소리를 끝까지 유지하는 글, 하고자 하는 이야기가 명확하게 드러나는 글. '두서 있는' 글은 메시지 전달에 실패하지 않는다.

늘어놓기와 몰아가기

TV 예능 프로그램을 보고 있노라면 '악마의 편집'이라는 느낌이 들 때가 종종 있다. '악마의 편집'은 의도적으로 어떤 부분을 과장되게 강조하는 것을 말한다. 촬영한 영상을 잘라내고 덧붙이고 다시 배치하는 것을 편집이라고 한다. 편집자는 어떤 목적을 가지고 필요한 요소만 모아서 자기 입맛에 맞게 만들 수 있다.

편집은 영상에만 있는 건 아니다. 일정한 방침을 갖고 여러 가지 재료를 모아서 신문이나 잡지, 책 등을 만드는 것도 편집이다. 쉽게 말하면 선택과 집중이고 한 방향으로 몰아가기다. 목적이 재미든 감동이든 선동이든 어떤 의도가 있는 몰아가기는 편집의 궁극적 목적인 셈이다.

이것저것 맛있는 걸 다양하게 먹고 싶어 뷔페에 갈 때가 있다. 그런데 정작 음식을 먹다 보면 무얼 특별하게 먹었다는 생각이 들지 않는다. 늘어놓은 음식들은 가짓수만 많고 각자 고유한 특징이 뾰족하게 드러나지 않는다. 이것저것 조금씩 가져다 먹노라면 맛도 어느 하나에 집중하지 못한다. 별로네, 괜찮네, 그 정도의 기억은 남지만 어떤 음식의 맛이 어떻더라는 기억은 거의 남지 않는다. 너무 늘어놓아서 특정한 인상을 주지 못한 탓이다.

반대로 단 하나의 메뉴나 특정한 메뉴만 차려내는 식당은 음식에 대한 기억이 뚜렷하다. 그 음식이 어떤 맛이었는지 명확하게 기억에 남는다. 식욕을 자극하는 음식의 모양, 눈에 쏙 들어오는 색깔, 후각을 파고드는 냄새, 얽힌 에피소드까지 함께 떠오른다. 여러 가지 감각이 동시에 솟아오르지만 모든 건 음식 하나로 귀결된다. 이런 기억의 차이는 결국 늘어놓기가 아닌 몰아가기라는 편집이 만든다. 뷔페 음식에 대한 기억이 없는 건 늘어놓기 때문이고, 메뉴가 하나뿐인 식당의 음식에 대한 기억이 또렷한 건 몰아가기 덕분이다.

몰아가기는 메시지를 전달하는 글쓰기에서 필수 요소다. 뷔페처럼 다양한 메시지를 담아놓은 글을 흔하게 볼 수 있다.

하나의 이야기라도 더 담아보려는 마음이 넘칠수록 글 속의 내용은 다양해진다. 늘어놓기의 대표적인 모습이다. 너무 많은 음식을 차려놓은 뷔페처럼 너무 많은 메시지를 담은 글은 읽는 사람에게 어떤 메시지도 전달하지 못하게 된다. 너무 많은 내용을 늘어놓으면 어떤 것도 전달되지 않는 역효과만 커진다.

꼭 전달하고 싶은 메시지가 있다면 늘어놓기가 아니라 몰아가기의 글쓰기를 해야 한다. 의도적으로 글에 대한 악마의 편집이 필요하다. 글에 하나라도 더 메시지를 넣으려는 마음을 꾹꾹 눌러야 한다. 오히려 그 반대 방향으로 가라. 메시지를 덜어내야 한다. 한 가지 메뉴만 취급하는 식당처럼 하나의 메시지를 확실히 전달하는 글을 써야 효과적이다. 쓰는 사람의 의도대로 몰아가기, 그게 바로 글에 필요한 편집이다. 글을 쓸 때는 악마의 편집자가 돼라. 뚜렷한 메시지를 의도적으로 강렬하게 부각하라. 몰아가기로 뚜렷한 메시지만 남겨놓아야 읽는 사람에게 잘 전달된다.

글을 쓰다 중구난방이 된다면

어둠이 내린 깊은 산속에서 길을 잃었을 때 어떻게 하면 방향을 찾을 수 있을까. 앞뒤조차 분간하기 어렵고 의지할 수 있는 건 아무것도 없는 상황이다. 그럴 때 산행을 즐기는 사람은 북극성을 보고 방향을 찾는다고 한다. 사막의 어둠 속에서도 같은 방법을 쓴다고 한다. 어디를 둘러봐도 똑같은 지형에 어둠까지 내렸다면 사막에서는 쉽게 길을 잃는다. 그럴 때 방향을 찾는 지표로 삼는 게 북극성이다. 항상 같은 자리에서 반짝이는 북극성은 북반구 사람들에게 확실한 나침반인 셈이다. 길을 잃었을 때 북극성은 훌륭한 길잡이다.

산속이나 사막에서만 길을 잃는 게 아니다. 카페에서도, 도서관에서도, 집에서도 길을 잃는다. 한참 글을 쓰다 보면 백지 위에서 정신없이 흔들리는 순간을 마주한다. 어떻게 글을 풀어가야 할지, 어디로 글이 흘러가는지 쓰고 있는 자신도 모른다. 한참 쓰다 보니 이도저도 아닌 글을 쓰고 있는 모습을 발견한다. 처음 쓸 때는 분명히 하고 싶은 이야기가 있었는데 시간이 갈수록 초점이 흐트러지고 있다.

원고 하나에 하고 싶은 이야기 하나를 담는 게 왜 어려울까? 우선 처음부터 명확한 메시지를 정하지 않은 경우가 있다. 일단 시작하면 방향이 잡힐 것 같지만 글은 생각처럼 풀리지 않는다. 지나친 걱정이 글을 애매하게 만들어버리기도 한다. '내용이 너무 단순한 거 아닐까? 성의 없어 보이지 않을까' 하는 생각에 이것저것 덧붙인다. 어떤 이유가 되었든 결과적으로 글은 길을 잃게 된다. 어둠이 덮이고 앞이 보이지 않는다. 지금 서 있는 곳이 어딘지, 어디로 가야 하는지 쓰는 사람도 모른다.

길을 잃지 않고 글을 쓰는 방법이 있을까? '제목 먼저 정해 놓고 쓰기.' 이 방법이 효과적이다. 글을 쓰기 시작할 때 가장 먼저 제목을 써놓는다. 진짜 제목이어도 좋고 가제도 관계없다. 제목은 직설적으로 쓰는 것이 좋다. 거칠어도 상관없다. 글을 잘 써야 한다는 강박은 항상 사람을 짓누른다. 그래서 가제목을 붙이라고 하면 멋지게 은유도 섞어서 감성적으로 정한다. 그런데 가제목을 그렇게 정하면 효과가 떨어진다. 직설적이어야 하고 표현이 거칠면 더 좋다. 예를 들면 이런 제목이다. '회사를 그만두지 못하는 건 돈 때문.' '날 괴롭게 하는 아무개는 나쁜 놈.' '내가 너보다 훨씬 멋있는 이유.' '3분기 실적 악화의 진짜 원인.' 어떤 형태든 가제목으로 쓰고 싶은 이야기를 먼저 정한다. 그 제목이 과녁이다. 내 글로 쏘아야 할 단 하나의 과녁. 가제목은 과녁이 되어 글을 쓰면서 지향해야 할 목표 지점을 보여준다. 과녁이 있으니 아무 곳에나 화살을 날리는 일은 없다.

글을 쓰다가 방향이 흔들릴 때는 가제목을 본다. 가제목이 글이 나아가야 할 방향을 알려주기 때문이다. '아, 지금 이 이야기를 쓰고 있지?' 그렇게 생각하면서 쓴 글을 본다. 방향이 벗어나 있다면 가제목에 맞게 고친다. 이런 식으로 글의 초점을 잡으면 하고 싶은 이야기에서 크게 벗어나지 않는다. 가제목이 글의 북극성이 되는 셈이다. 북극성은 길 잃은 사람에게 나침반이 된다. 가제목은 글을 쓰다 초점을 잃은 사람에게 북극성과 같은 나침반이다. 가제목을 다시 보면 어떻게 글을 끌어가고 마무리해야 하는지 알 수 있고, 메시지가 무엇인지 명확해진다. 가제목을 정하고 글쓰기를 하면 나중에는 가제목이 없어도 초점에서 벗어나지 않는다. 몸에 익은 습관이 자연스럽게 글을 이끌어간다. 머릿속으로 이미 제목을 정하고 있으니, 이야기가 어느 쪽으로 가야 하는지 손이 먼저 안다. 머리와 손이 스스로 길을 찾아간다. 글을 쓰다가 자꾸 중구난방으로 흐른다면 '제목 먼저 정해놓고 쓰기'를 권한다.

한 놈만 팬다

오래된 영화 〈주유소 습격사건〉은 액션과 코미디가 잘 뒤섞인 영화다. 이유 없는 액션에 살짝 황당하지만 보는 내내 웃음을 주고 끝까지 몰입하게 하는 재미가 있다. 영화에는 수시로 패싸움하는 장면이 나오는데 눈길을 끄는 사람이 있다. '무대포' 역으로 연기한 유오성. 건달인 유오성은 싸울 때마다 딱 한 사람만 끈질기게 쫓아가며 때린다. 도망가면서 맞고 또 맞던 상대방은 "왜 나만 때려?" 하고 울듯이 소리친다. 그러자 유오성의 대답. "난 늘 한 놈만 패."

글을 쓴다면 영화 속의 유오성처럼 한 놈만 패는 게 좋다. 아니 한 놈만 패야 한다. 그래야 무슨 이야기를 하고자 하는지 명확히 보여줄 수 있다. 쓸데없이 에너지를 낭비하지 않는 방법으로 가장 좋다. 글 한 편에 하나의 메시지만 담는 것. 그래서 그것을 분명하게 말하는 것. 글을 쓸 때 한 놈만 팬다는 건 그런 의미다. 원 샷 원 킬. 글을 쓰는 사람은 모두 저격수다. 하나의 총알로 하나의 목표물. 하나의 원고에 하나의 메시지. 그렇게 쓸 때 글의 요지가 명확해지고 읽는 사람도 저자가 하고자 하는 이야기를 제대로 알아듣는다.

어떤 사람이 맛집에 대한 글을 이렇게 쓴다. 처음은 일부 블로거들의 보기 흉한 행태를 비난한다. 블로그에 맛집으로 올려주겠다며 음식점에서 돈을 받는다는 이야기를 폭로하듯 펼쳐낸다. 중간부터는 맛집들의 특급 노하우를 칭송한다. 현지에서 직송하는 재료, 한 달이 넘는 숙성 과정, 정성이 가득한 육수 추출 등을 상세히 알려준다. 이런 노력이 있어서 맛집이라는 소리를 듣는다며 칭찬을 아끼지 않는다. 후반부에는 맛집들의 예전과 달라진 맛을 한탄한다. 맛집으로 뜨고 나면 서비스와 맛이 예전처럼 유지되지 않는다는 안타까움으로 끝을 맺는다. 이 글은 무얼 말하고 있는 걸까?

맛집에 대해 말하고 있다고 할 수는 있다. 그러나 딱 잘라 맛집에 관한 글이라고 하기에는 초점이 너무 분산되어 있다. 이 글의 제목을 뽑는다면 어떤 게 잘 어울릴까. 한 줄의 제목으로 묶기에는 글에 담긴 내용이 너무 다르다. 한 줄로 표현할 수 없다는 말이다. 이 글을 세 꼭지로 나눠서 쓰는 건 어떨까. 도입부의 돈 받는 블로거 행태로 한 꼭지, 맛집들의 숨겨진 노하우로 한 꼭지, 맛이 변한 맛집들 이야기로 또 한 꼭지. 이렇게 글을 구성하면 각각의 꼭지마다 글 내용이 명확해진다. 한 줄 제목으로도 쉽게 표현할 수 있다. 이렇게 쓰는 게 '한 놈만 패는' 글이다. 이놈도 패고 저놈도 패다 보면 정말 패야 할 놈이 누구인지 알기 어렵다. 한 놈만 패는 게 좋다. 특히 글쓰기에서는.

하나의 글에는 하나의 메시지만 담아야 한다. 원 샷 원 킬은 메시지 전달에 가장 좋은 구조다. 글쓰기에 익숙하지 않다면 더 그렇다. 기량도 기본도 기교도 갖추지 못한 채 글쓰기를 하고 있다면 하나에 집중하기도 쉽지 않다. 그럴수록 더욱 한 놈만 패야 한다. '너무 단순한 건 아닐까, 혹시 무성의하게 보이지 않을까', 이렇게 생각하는 순간 다른 이야기에 대한 욕심이 생기고 글의 초점이 흐려진다. 필요 없는 생각이다. 단순 무식하게 하나의 메시지에만 집중하는 게 최고의 선택이다.

"난 늘 한 놈만 패." 이 말은 명언이다. 글을 쓸 때 평생 잊지 말아야 할 문장이다. 최고의 좌우명으로 삼아야 한다. 여러 가지 내용을 한 꼭지의 글에 담고 싶다면 기량을 익힌 다음에 시도해도 늦지 않다. 자기 마음대로 글의 흐름을 요리할 수 있고 원하는 대로 문장과 어휘를 지휘할 수 있을 때, 그때 하면 된다. 아직 다양한 이야깃거리를 한 번에 다루기 힘든 글쓰기 실력이라면 미리 무리수를 둘 필요가 없다. 총알 한 방에 하나의 목표물. 글 한 꼭지에 하나의 이야기. 메시지를 잘 전달하는 글을 쓰려면 한 놈만 패기. 원 샷 원 킬을 잊지 말아야 한다.

제목의 힘

글을 읽는 사람에게 메시지를 쉽고 분명하게 각인시키는 방법이 없을까? 간단한 방법이 있다. 글이 아니라 제목을 먼저 읽게 하면 된다. 그런데 특별한 목적 없이 글을 쓸 때 제목을 정하고 쓰는 사람은 거의 없다. 개인적인 글에는 제목이 거의 없다. 일기를 쓰거나 일상을 글로 쓸 때 제목을 정하는 사람은 많지 않다. 사실 그래야 할 필요도 없다. 당장 어디에 발표할 것도 아니고 누가 지금 읽으려고 기다리고 있는 것도 아니니까.

이렇게 제목이 없는 글을 누가 읽는다면 처음부터 끝까지 읽고 어떤 내용인지 파악해야 한다. 글에서 말하고자 하는 게 무얼까 살짝 고민도 하게 된다. 글에 제목이 있다면 어떨까? 완전히 달라진다. 내용 파악이 훨씬 쉽다. 제목을 보면 글이 어떤 내용이라는 걸 알 수 있기에 그렇다. '아, 이건 ○○○에 관한 글이네' 이렇게 미리 판단하고 글을 읽기 시작한다.

글 쓰는 사람은 읽는 사람의 이런 심리를 자기에게 유리한 쪽으로 활용할 수 있다. 글 앞에 먼저 제목을 제시하는 거다. 제목이 있는 글은 누구나 제목을 가장 먼저 읽는다. 글을 읽고 나서 제목을 읽는 사람은 없다. 제목에 자기의 메시지를 확실하게 드러내면 자연스럽게 독자의 생각을 돌려놓을 수 있다. 읽는 사람은 제목을 보면서 자기도 모르게 선입견을 가지게 된다. 원하지 않아도 먼저 읽은 제목으로 판단을 내리고 글 속으로 뛰어든다. 제목에서 본 내용을 바탕으로 글을 읽어 나가게 된다. '○○○에 관한 칭찬이겠구나' 이런 기대를 하면서 읽어 나간다. 그래서 제목에 분명한 메시지를 표현하면 독자의 생각을 뺏을 수 있다. 읽는 사람은 제목에서 본 대로 생각하기 마련이다. 시작부터 기울어진 글 읽기를 하는 것이다. 제목은 이렇게 힘이 세다.

제목은 짧고 간단하지만 다양한 기능이 있다. 먼저 글에 성격을 부여해서 어떤 글이라는 걸 알려준다. 독자에게 이건 이런 내용의 글이니 그리 알라고 방향을 설정하는 기능이다. 독자의 관심을 끌어서 글을 읽도록 유도하기도 한다. 내용과 전혀 관련 없을 것 같은 특이한 제목의 책이 종종 보이는 건 이런 이유에서다. 글의 내용을 순수하게 요약해서 알려주는 기능도 한다. 글의 핵심을 함축적으로 표현하면 제목만으로도 메시지를 알리는 효과가 있다.

글에 색깔을 입혀 포장하는 것도 제목의 유용한 기능이다. 감성적인 제목이나 색채가 느껴지는 제목을 달아주면 글을 품위 있게 보이게 한다. 글 읽는 재미를 더 높여주기도 한다. 제목의 이런 기능들은 독자의 시선을 글 쓴 사람이 원하는 방향으로 끌어간다. 제목은 독자를 안내하기도 하지만 다른 관점에서 본다면 글 쓴 사람의 의도대로 독자를 이끈다고도 할 수 있다. 제목을 잘 활용하면 이렇게 독자를 자기 의도에 맞게 끌어올 수 있다.

이런 실험을 한 적이 있다고 한다. 베스트셀러 책의 앞표지, 뒤표지, 서문, 목차를 모두 없애고 여러 사람에게 읽게 했다. 실험 참가자들은 오로지 글만 읽었다. 글 외에는 아무런 정보를 접하지 못했다. 책을 다 읽은 그들에게 질문을 던졌다. "이 책은 무슨 책입니까?" 여행기, 에세이, 자기계발서, 르포 등등의 답변이 나왔다. 같은 책을 읽었는데 대답은 제각각이었다. 읽는 사람이 자기의 관점과 생각으로 읽으니 다양한 의견이 나온 것이다.

제목을 먼저 보고 책을 읽게 했으면 어땠을까. 제목에서 제시한 대로 대답했을 게 뻔하다. 제목을 보면 읽는 사람은 자신의 관점과 생각을 그 제목에 맞게 설정하기 때문이다. 제목과 다른 이야기가 글에 섞여 있어도 읽는 사람은 크게 신경쓰지 않는다. 오히려 제목에 맞게 글을 해석까지 한다. 이렇게 제목을 미리 제시하면 쓰는 사람의 메시지 쪽으로 독자를 기울게 하는 효과가 있다. 그것이 제목의 힘과 기능이다.

제목, 어떻게 만들까

　세상의 모든 글에는 제목이 있다. 아니, 꼭 그렇지는 않다. 제목이 없는 글도 많다. 그렇지만 누군가 읽는다는 것을 전제로 쓴 글에는 모두 제목이 있다. 이 글이 무엇에 관한 글이라는 걸 알려야 하니까. 제목은 중요하다. 때로는 글보다 더 중요하다. 글은 읽지 않아도 제목은 누구나 읽는다. 신문을 볼 때 기사를 다 읽지는 않아도 제목은 훑어보기라도 하는 것처럼 말이다.

　제목은 그 글을 읽을 것인가 안 읽을 것인가 판단하게 만든다. 아주 중요한 역할이다. 읽을 생각이 없다가도 제목이 멋있어서, 웃겨서, 가슴을 파고들어서 글을 읽기도 한다. 정말 좋은 글이라도 제목을 잘못 붙이면 버려지는 건 순간이다. 책 제목을 정할 때 저자와 출판사는 마지막까지 고민한다. 인쇄

직전까지도 더 좋은 제목이 없을까 머리를 싸맨다. 누군가는 책 판매의 70%가 제목에 달려 있다고 말한다. 그만큼 중요한 게 제목이다.

'제목을 만드는 원칙은 이것이다' 하고 정해놓은 건 없다. 글의 내용과 시대적 트렌드와 센스와 마케팅 요소가 더해져서 제목이 된다. 어떤 방식으로 어디에 중점을 둬서 만든다고 문제가 되지는 않는다. 그러나 제목을 만들 때 한 번쯤 생각해보면 좋은 네 가지 요소가 있다.

첫째, 즉시성이다. 제목을 보면 '이 글은, 이 책은 어떤 내용이구나' 단번에 알 수 있게 제목을 정하는 것이다. 독자가 자신의 취향에 맞거나 찾고 있는 주제라면 '아, 이거야!' 하면서 바로 책을 펼쳐볼 것이다. 글이나 책의 제목을 보고 '이 책은 어떤 내용일까?' 고민하게 만든다면 어떨까. 독자의 궁금증을 유발할 수는 있지만 그런 상황을 즐길 독자는 별로 없을 것 같다. 《아프니까 청춘이다》, 《마흔 살의 책 읽기》, 《유혹하는 글쓰기》 같은 제목은 즉시성에 충실한 제목이다. 제목만 봐도 책이 말하고자 하는 내용을 짐작할 수 있다. 대부분의 제목은 즉시성을 중요하게 여긴다. 즉시성을 지나치게 무시하면 메시지가 잘 전달되지 않는 경우가 많다.

둘째, 구체성이다. 글이나 책에서 말하려는 메시지를 구체적으로 드러내는 것이다. 직접적인 단어를 넣거나 아예 제목에서 이 글은 이런 이야기라는 걸 숨김없이 보여준다. 솔직 담백한 제목으로 독자를 현혹하는 손짓을 하는 셈이다. 《대통령의 글쓰기》가 그런 제목이다. 대통령과 글쓰기라는 두 단어로 책 내용을 보여주고 호기심을 일으킨다. 버스 기사가 쓴 에세이 《나는 그냥 버스기사입니다》 역시 글의 내용을 있는 그대로 구체적으로 보여준다. '그래서?' 하는 궁금증과 담백한 여운을 몰고 온다.

셋째, 낚시성이다. 뭔가 그럴듯하게 보여서 독자가 읽고 싶도록 유혹하는 것이다. 이런 제목은 과장하거나 선정적인 제목이 될 가능성이 크다. '로또 1등에 당첨되는 법'과 같은 제목이라면 낚시성이 너무 심하다. 그럴듯하게 보이고 강하게 어필해서 독자의 눈길을 끌어보려는 시도다. 마케팅을 고려했을 땐 나쁘지 않은 방법이다. '나도 해보고 싶네', '이건 뭐지?' 하는 생각이 들게 만든다. 글과 책이 넘치는 시대이니 조금이라도 튀어 보여서 독자의 선택을 받고자 하는 게 목적이다.《나는 일주일에 4일만 일한다》,《다시 유혹하라》같은 책도 낚시성 제목에 해당한다.

넷째, 의외성이다. 글이나 책의 내용을 전혀 짐작하기 어렵게 제목을 만드는 것이다. 제목 자체에 신경을 쓴 제목이라고 할 수 있다.《죽고 싶지만 떡볶이는 먹고 싶어》는 시장을 휩쓴 베스트셀러. 제목만 봐서는 도대체 무슨 내용의 책인지 알기 어렵다. 기존의 제목 문법과 전혀 다르다. 이 책이 베스트셀러가 된 데는 제목이 큰 몫을 차지했다는 평이 많다. 묘하게 끌리는 제목이라고들 한다.《오늘은 좀 매울지도 몰라》도 제목 자체로는 어떤 내용인지 알기 어렵다. 호소형이기도 하고 감성을 가득 넣은 말 같기도 하다. 궁금증에 책을 읽어 보면 정말 적절한 제목이라는 생각에 고개가 끄덕여진다. 최근에는 사회적 트렌드 때문인지 의외성이 강한 제목들을 종종 볼 수 있다. 글의 내용과는 관계없이 독자의 마음으로 바로 치고 들어가는 게 이런 제목의 특징이다.

제목에 관해서 이렇게 여러 가지를 늘어놓으니 오히려 더 헷갈릴 수도 있겠다. 사실 너무 다양한 요소를 생각하다 보면 머리만 아프고 시간만 잡아먹는다. 글이나 책의 제목을 정할 때 가장 중요한 건 아마 직관일 것이다. 직관적으로 '여기에는 이 제목이 제일 적절하겠군' 하는 것, '바로 이거야!' 하는 느낌이 드는 것 말이다. 직관적으로 좋다고 생각되는 제목엔 즉시성, 구체성, 낚시성, 의외성 중 어느 것이든 분명히 들어 있다. 글이나 책의 제목을 정하는 건 쉬워 보여도 어려운 일이다. 제목은 단 한 줄에 많은 내용을 넣고 문장의 맛도 살려야 한다. 그렇기에 글을 쓸 때마다 제목을 정하다 보면 문장 감각이 좋아진다. 글쓰기 훈련으로도 효과가 좋다.

3장

품격 있는
글이 되려면

표기 하나가 글을 잡아먹는다

　글쓰기 수업 중에 일본의 시네마현을 아느냐고 물으면 고개를 끄덕이는 사람이 있다. 어디쯤인지 아느냐고 하면 그렇다고 한다. 들어봤다는 사람도 있고 한 술 더 떠서 가봤다는 사람도 있다. 그럴 리가 없다. 이름도 예쁜 시네마현이라는 곳은 없다. 지구상에 존재하지 않는 곳이다. 웬 SF 미스터리냐고 하겠지만 사실이다. '이게 무슨 소리야?' 하는 생각이 들 때는 인터넷 검색이 최고다. 금세 사실 여부를 밝혀준다. 인터넷 검색창에 시네마현이라 치고 엔터키를 누른다. 어떤가. 좌르륵~ 관련 기사가 쏟아져 나온다. '이거 봐, 이렇게 분명히 있는데 무슨 소리를 하는 거야, 뉴스도 저렇게 많은데 말이야.' 이렇게 생각할지 모르겠다.

그럼 혹시 오마바 대통령을 아느냐고 물으면 역시 안다는 사람이 있다. 지난번 미국 대통령이라고 자신 있게 말하는 사람도 있다. 지금 대통령은 트럼프이고 그 전 대통령이었다고 친절한 설명까지 덧붙인다. 그렇지 않다. 미국 대통령 중에 그런 사람은 없다. '이건 또 무슨 소리야?' 하는 표정으로 고개를 갸웃하는 사람이 있다. 이번에도 인터넷 검색창에 오마바라고 넣으니 또 좌르륵~ 기사가 쏟아진다. 뉴스가 많이도 나온다. 이렇게 움직일 수 없는 증거가 있는데 웬 거짓말이냐고? 거짓말이 아니다. 미국에 그런 대통령은 없으니까.

진실은 뭘까? 거창하게 진실이니 뭐니 할 것도 없다. 일본에 시네마현이라는 곳은 없고 시마네현은 있다. 미국에 오마바 대통령은 없고 오바마 대통령은 있다. 말장난 같지만 사실이다. 인터넷에서 본 그 많은 기사는 뭐란 말인가. 도대체 뭐가 어떻게 된 걸까?

추정컨대, 지명과 인명을 정확하지 않게 써서 벌어진 일들이다. 잠시 착각했을 수도 있을 것이다. 충분히 가능한 일이고 그럴 수도 있는 일이다. 지명을 잘 모르거나 사람 이름이 헷갈리는 건 글쓰기에서 흔히 벌어지는 일이니까. 문제는 쓰고 나서도 제대로 확인하지 않았다는 거다. 자기 글에 책임지지 않은 결과가 지구상에 없는 동네와 사람을 만들어냈다.

사실을 알고 나서 다시 보면 시네마현, 오마바라고 쓴 글들이 어떻게 보일까. 이전과는 다르게 보일 수밖에 없다. 믿을 수 없는 글로 추락한다. 잘못 쓴 단어 하나로 인해 글 전체가 거짓말처럼 보인다. 이런 글에 아무리 좋은 내용이 있다고 해도 이젠 믿음보다는 의심이 든다. 신뢰는 물론이고 글의 품격이 뚝 떨어지는 건 당연하다.

글 쓴 사람이 지금 앞에 있다면 어떨까? 얼굴을 보며 형편없는 사람이라는 생각이 들지도 모르겠다. 단어 하나 잘못 썼을 뿐인데 글 쓴 사람의 이미지까지 동시에 추락한다. 글이란 게 그렇다. 기사를 게재한 매체의 신뢰 역시 같은 신세로 전락한다. 이렇게 단순한 단어도 잘못 쓰는 매체를 어떻게 믿을 수 있겠는가. 앞으로 그 사람, 그 매체의 글을 다시는 읽고 싶지 않을 수도 있다.

단순한 표기 하나가 글에서는 이렇게 중요하다. 표기 하나가 몰고 오는 나비효과가 이렇게 크다. 귀찮아서, 남들도 다 이렇게 썼으니, 맞으려니…. 잘 알지 못하고 쓴 단어 하나, 이야기 하나가 글의 생명을 좌우한다.

만약 그 글이 내가 쓴 글이라면 어떨까? 낯이 뜨거울 거다. 혹여나 이런 사람이 있을지도 모르겠다. '그럴 수도 있지. 사람이 실수할 때도 있는 거지'라고 말하는 사람. 그렇게 말하는 사람에게는 글을 쓰지 말라고 하고 싶다. 글은 글 자체로 끝나지 않는다. 글이 곧 저자다. 잘못된 글을 쓰고 부끄러워하지 않는다면 거짓된 사람이다. 독자와 세상을 속인 것과 같다. 작은 단어 하나, 이야기 하나가 생각지도 않은 결과를 불러온다. 별것 아닌 표기 하나도 우습게 여기지 말아야 한다.

그때는 틀리고 지금은 맞다?

"이런 알바 구할 수 있어서 정말 좋아요. 꿀알바죠." TV 인터뷰에서 일자리를 얻은 주부가 하는 말이다. 주부는 알바라는 말을 사용했다. '알바'는 무엇을 말하는 단어인가. 요즘 사람들은 대부분 안다. 아르바이트의 줄임말이라는 걸. 편하게 줄여 쓰다 보니 이제는 아주 익숙한 말이 되었다. 공식적으로 허용된 줄임말이 아니고 속어 형식으로 간단히 줄인 말이다. 표준어가 아니라는 의미다. 꿀알바는 알바에 '달콤하다'는 뜻의 꿀을 붙여서 만든 조어다. 역시 표준어는 아니지만 표준어보다 훨씬 자주 쓰는 말이다. 꿀보직, 꿀피부 같은 단어를 어디서나 들을 수 있다. 카톡은 카카오톡 메신저의 줄임말이고 여친은 여자친구, 남친은 남자친구의 줄임말이다. 공식적인 줄임말은 아니지만 당연한 듯 흔하게 쓰인다. 이제는 아르바이트라고 말하면 오히려 낯선 느낌이 들 정도다. 너도나도 자연스럽게 알바라고 한다.

줄임말이나 약어가 많이 쓰이는 시대다. 특정 계층이나 세대만 쓰는 것도 아니다. 사회 전체에서 통용된다. 일상생활에서 당연하게 쓰이는 이런 조어들. 혹시 글 쓸 때 사용해도 괜찮은 걸까? 글을 쓸 때는 표준어만 써야 할까? 참 헷갈린다.

"한 나라가 언어의 통일을 위하여 표준으로 정한 말. 우리나라에서는 교양 있는 사람들이 두루 쓰는 현대 서울말로 정함을 원칙으로 한다." 표준어의 정의는 이렇다. 아주 막연하다. '교양 있는 사람'은 교양이 많은 사람인지 조금이라도 있는 사람인지 모호하다. '현대'라는 표현도 마찬가지. 지금이 '현대'일 텐데 그렇다면 10년 뒤에는 표준어가 다 바뀌어야 하는 건가? '서울말'도 그렇다. 서울말과 경기도 말은 뭐가 다른 걸까? 딴죽을 걸자는 게 아니라 한번 생각해보자는 거다. 분명한 건 표준어는 계속 변한다는 사실이다. 여름에 웃통을 벗고 등에 물을 끼얹는 등물은 표준어가 목물이었다. 등물은 틀린 말이었다. 짜장면 역시 표준어가 아니었고 자장면만 맞는 말이던 때가 있었다. 옛날엔 등물, 짜장면이 틀린 말이었지만 지금은 맞는 말이다. 국립국어원에서 표준어로 인정했

기 때문이다. 그때는 틀리고 지금은 맞는 표준어가 한두 개가
아니다.

"꼬들꼬들한 식감이 아주 좋아요." 먹방에서 흔히 들을 수
있는 '식감'이라는 단어는 표준어일까? 어떤 음식을 말할 때
너나없이 식감을 이야기한다. 당연히 표준어려니 생각하지
만 국립국어원의 대사전에는 등록되어 있지 않다. 그런데도
각종 매체는 서슴없이(?) 식감이라는 표현을 사용한다. 전문
교육을 받은 기자, 아나운서도 사용하는데 아마추어 글쓰기
를 하는 사람 역시 괜찮은 것 아닐까? 많이 고민되는 부분이
다. 궁금해서 전문가에게 물어보았다. 이런 단어를 공식적인
매체에서 사용해도 되는지. 그 전문가 말로는 상관없단다. 비
속어도 아니고, 사람들이 많이 사용하면 표준어로 등록된다
는 거다. 그렇다면 언젠가는 알바도 표준어로 등록되는 날이
오는 건가?

글을 쓸 때는, 특히 공식적인 글에서는 대부분이 조어를 사
용하지 않으려 한다. 그게 맞다고 생각한다. 표준어 사용이
원칙이어야 한다. 표준어 사용이 원칙인 활자 매체에서도 때
로는 조어를 쓴다. 문제는 그 뜻을 이해하지 못하는 사람들이

있다는 것이다. 특히 젊은 층에서 유행하는 신조어라면 더 그렇다. 가장 큰 문제는 글의 메시지가 전달되지 않는다는 점이다.

그런데 조어가 아주 흔하게 쓰이고 표준어보다 메시지 전달력이 더 큰 경우가 많아졌다. '꿀알바' 같은 단어는 무슨 뜻인지 금세 알아듣는다. 게다가 표현이 재밌기까지 하다. 일반 문장으로 표현하면 '편하고 돈도 많이 주는 좋은 아르바이트'라고 써야 한다. 글 쓸 때 어떤 걸 택하고 싶을까. '꿀알바'에 한 표를 던진다. 글쓰기에 지나친 엄숙주의는 필요하지 않다는 생각이다. 글은 쓰는 사람이 하고 싶은 이야기를 전달하고 읽는 사람이 잘 알아들을 수 있으면 된다. 글 쓸 때 표준어를 사용해야 하지만 많은 사람이 잘 알아듣는 조어라면 그냥 사용하는 것도 괜찮다. 그렇다고 조어를 지나치게 많이 사용한다면 글의 진정성이나 무게감이 떨어질 수 있다. 정말 필요하다면, 문장의 맛을 더 살릴 수 있다면 사용하는 게 좋다. 단어 하나를 선택하는 데도 고민을 할 수밖에 없는 것, 그게 글쓰기다.

글도 다이어트를 해야 할 때

글쓰기를 할 때 많은 사람들이 덧셈의 글쓰기를 한다. 자꾸 덧붙이고 싶어 한다. 글의 뼈대도 약하고 내용도 빈약하니까 덕지덕지 살을 붙인다. 늘어나는 살이 모두 근육이면 좋겠지만 대부분은 그렇지 않다. 아무 도움이 안 되는 군살이다. 필요 없는 내용, 늘어진 문장, 지나친 수식어가 계속 늘어난다. 이런 군살 같은 글은 모두 빼내야 한다. 물론 처음부터 덧셈의 글쓰기를 최소한으로 줄이면 된다. 그러면 글을 완성한 뒤에 다시 빼지 않아도 된다. 하지만 글에 한없이 덧셈을 하고 있다면, 글도 다이어트를 해야 한다. 살이 찔 때는 잘 못 느끼는데 막상 빼려면 정말 힘들다. 식단조절로 빼든 운동을 해서 빼든 군살이 없어야 건강해진다. 글에도 군살을 빼야 글이 단단해지고 건강해진다. 글 전체도 그렇고 문장 하나하나도 마찬가지다. 뺄셈이 늘어날수록 글은 좋아진다.

글 쓸 때 자주 쓰이는 글자는 어떤 게 있을까? 아마 '수, 것' 두 글자가 아닐까? 글 좀 쓴다는 사람의 글에도 '수, 것' 두 글자는 숱하게 보인다. 글쓰기 훈련할 때 '수, 것, 이 두 글자를 빼고 문장을 다시 쓰라'는 숙제를 내면 좋은 훈련이 된다. 너무 쉬운 숙제라고 생각하기 쉽지만 실제는 거의 불가능하다. 그러나 잘 해내면 글 실력이 엄청 좋아진다. '수, 것'만큼 많이 쓰이는 글자가 '을, 를, 가'다. 대부분 무의식적으로 사용하는 글자다. 글을 쓰다 보면 자연스럽게 문장의 한 귀퉁이에 자리를 잡는 글자들이다. 글을 쓴 사람은 습관적으로 쓰기 때문에 거의 의식하지 못한다. 이 글자들은 조사이면서 말과 말의 관계를 나타내거나 말의 뜻을 더해준다. 단어와 단어 사이를 이어주고 매끈하게 만들어주는 윤활유 같은 역할을 한다. 문제는 안 써도 될 곳에 '을, 를, 가'를 아무 생각 없이 쓴다는 데 있다. 의미 없이 문장 속에 자리한 이런 글자는 삭제해도 괜찮다. 아니 없애는 게 더 낫다. 뺄셈의 글쓰기, 글의 다이어트가 되는 셈이다.

"결혼을 하고 직장생활을 하며 임신 계획이 없었다." 이 문장에는 '을'자가 두 번 들어간다. '을'자를 빼면 어떻게 될까? "결혼하고 직장생활 하며 임신 계획이 없었다", 이렇게 된다. "그녀가 날마다 변덕을 부리는 게 짜증났다"에서도 '을'을 뺄 수 있다. "그녀가 날마다 변덕 부리는 게 짜증났다." 예로 든 두 개의 문장 모두 조금씩 달라졌다.

"책 읽을 때 꼭 표시를 해놓기를 권한다." 이 문장에는 '를'이 두 개다. 앞에 있는 '를'을 빼보자. "책 읽을 때 꼭 표시해놓기를 권한다." 좀 다르게 느껴진다. "출세를 해야 하는 것도 아니고"에서도 '를'을 빼보자. "출세해야 하는 것도 아니고"로 달라졌다. 군더더기가 사라지니 문장이 단번에 읽힌다.

이번엔 '가'. "친구와 술 한 잔을 하다가 위로를 건넸다." 여기서 '가'를 빼면 "친구와 술 한 잔을 하다 위로를 건넸다"가 된다. "좋은 구절을 웅얼웅얼하다가 외워버렸다." '가'를 없애면 "좋은 구절을 웅얼웅얼하다 외워버렸다.", 이런 문장이 된다.

또 하나 '고'를 보자. "8월 중순까지 이어진다고 합니다." "항공사의 광고에 나오는 해변이라고 찾아간 것이다." 이 두 문장에서 '고'자를 빼면 어떨까? "8월 중순까지 이어진다 합니다." "항공사의 광고에 나오는 해변이라 찾아간 것이다." 이상한가? 전혀 문제되지 않는다.

'을, 를, 가'가 있다고 잘못된 문장은 아니다. 꼭 빼야 하냐면, 꼭 그렇지도 않다. 그런데 이런 글자가 있으면 문장이 늘어진 느낌이 든다. 읽을 때도 호흡이 살짝 꼬인다. 그럴 때 '을, 를, 가'를 빼버리면 한결 밀도 있게 느껴진다. 문장이 단순해지고 쫀쫀해진다. '고'는 꼭 써야 할 것 같지만, 문장에서 역할이 없을 때가 꽤 있다. 필요 없는 '고'를 빼면 문장이 한결 탄탄해진다.

문장에서 '을, 를, 가, 고'를 사용하지 않는 건 정말 어려운 일이다. 습관적으로, 무의식적으로 쓰기 때문이다. 사실 뾰족한 방법은 없다. 이 글자는 필요 없다고 생각하면서 쓰기는 쉽지 않다. 쓰고 난 뒤에야 '이건 없어도 되는데' 하고 깨닫게 될 뿐이다. 방법은 퇴고할 때 꼼꼼히 보는 수밖에 없다. 단순 무식하지만 가장 효과가 좋은 방법이다. 퇴고를 하다 문장이 걸리거나 꼬이는 듯하면 '을, 를, 가'를 빼보고 다시 읽어보면 된다. 아마 꽤 다른 느낌의 문장을 만나게 될 것이다.

'그' 접속부사를 줄이려면

접속부사라는 게 있다. '아, 그거!' 한다면 맞춤법 공부 좀 한 사람이다. 대부분은 잘 모른다. 이 글을 쓰고 있는 사람도 잘 모른다. 이럴 때 사전을 찾아봐야 한다. "앞에 있는 체언이나 문장의 뜻을 뒤에 있는 체언이나 문장에 이어주면서 뒤의 말을 꾸며주는 부사." 사전을 봐도 어렵긴 마찬가지다. 이번엔 체언이 뭔지 잘 모르겠다. 체언을 또 찾아본다. "문장에서 조사의 도움을 받아 주체의 구실을 하는 단어. 명사, 대명사, 수사가 이에 속한다." 아, 정말 어렵다.

그래서 쉽게 생각하기로 한다. 그냥 '그러나', '그런데', '그리고'처럼 '그'로 시작하는 부사라고 생각하면 된다. '하지만', '또는', '다만', '오직' 같은 단어도 접속부사지만 예외로 한다.

'그러나', '그런데', '그리고'를 특히 더 많이 사용하기 때문이다. 글을 쓸 때 흔히 사용하는 게 접속부사다. 그러나 안 쓸 수도 없고 쓰다 보면 너무 많아지는 접속부사 '그'. 그래서 글 한 편을 완성해놓고 보면 여기도 저기도 '그'로 시작한다. 그런데 글쓰기 책을 보면 될 수 있으면 접속부사를 사용하지 말라고 조언한다. 실제로는 쉽지 않다는 건 글을 써본 사람이면 누구나 공감한다. 접속부사가 없으면 글이 뚝뚝 끊어지는 느낌이 든다. 각 문장의 내용이 연결되지 않고 따로 노는 것 같은 두려움도 생긴다. 그런데도 글쓰기 할 때는 접속부사를 쓰지 말라고 한다. 어렵다면 최소한으로 줄이라고 한다. 힘든 일이다. 그럼 어떻게 해야 할까?

많은 사람이 습관처럼 '그'로 시작하는 접속부사를 사용한다. 하루아침에 고칠 수 있다면 습관이 아니다. 글쓰기에 익숙하지 않은 사람은 접속부사를 더 많이 사용한다. 마치 윤활유처럼 이곳저곳에 뿌린다. 윤활유가 없으면 글이 뻑뻑해지고 연결도 잘 안 되고 구성 자체가 안 될 수도 있다고 생각한다. 접속부사를 쓰면 많이 써서 문제, 안 쓰려고 애쓰다 보면 이젠 글이 잘 써지지 않아서 문제다.

그럴 때 이런 방법이 좋다. 접속부사를 의식하지 말고 일단 쓴다. 다 쓰고 난 뒤에 퇴고할 때 접속부사를 덜어낸다. 첫 번째는 퇴고하면서 '그' 접속부사를 눈에 띄는 대로 삭제한다. 무조건 지운다. 글이 연결되네, 안 되네 하는 생각은 하지 말고 그냥 지운다. 그러고 나서 글을 다시 읽는다. 마지막으로 정 읽기 불편한 곳에만 적당한 접속부사를 넣는다. 이런 간단한 과정만 거쳐도 접속부사를 많이 없앨 수 있다. 아래의 글을 읽어보자.

쉽게 생각하기로 한다. '그러나', '그런데', '그리고'처럼 '그'로 시작하는 부사라고 생각하면 된다. '하지만', '또는', '다만', '오직' 같은 단어도 접속부사지만 예외로 한다. '그러나', '그런데', '그리고' 같은 접속부사를 특히 더 많이 사용하기 때문이다. 글을 쓸 때 흔히 사용하는 게 접속부사다. 안 쓸 수도 없고 쓰다 보면 너무 많아지는 '그' 접속부사. 글 한 편을 완성해놓고 보면 여기도 저기도 '그'로 시작한다. 글쓰기 책을 보면 될 수 있으면 접속부사를 사용하지 말라고 조언한다. 실제로는 쉽지 않다는 건 글을 써본 사람이면 누구나 공감한다. 접속부사가 없으면 글이 뚝뚝 끊어지는 느낌이 든다. 각 문장의 내용이 연결되지 않고 따로 노는 것 같은 두려움도 생긴다. 글쓰기 할 때는 접속부사를 쓰지 말라고 한다. 어렵다면 최소한으로 줄이라고 한다. 힘든 일이다. 그럼 어떻게 해야 할까?

이 글의 두 번째 문단을 다시 쓴 것이다. 뭐가 달라졌을까? '그'로 시작하는 부사를 모두 지웠다. '그래서', '그냥'은 일반부사, '그러나', '그런데', '그런데도'는 접속부사다. 부사의 형태에 상관없이 '그'로 시작하는 부사를 모두 지웠다. 여섯 개의 일반부사와 접속부사를 없앴는데도 글의 흐름에 문제가 없다. 오히려 군더더기 없이 더 탄탄해졌다. 걱정만큼 글의 흐름이나 구조에 지장을 주지 않는다. 지금까지 쓸데없는 표현을 넣었다는 뜻이기도 하다. '그' 접속부사를 많이 사용한다면 퇴고할 때 모두 삭제하는 방법을 사용해보라. 삭제할 때는 눈 딱 감고 하나도 빠짐없이 삭제한다. 삭제해놓고 보니 어떻게 해도 문장의 연결이 어색한 곳, 그곳에만 접속부사를 넣으면 된다. 접속부사 없이도 글이 잘 읽히는 뜻밖의 경험을 할 수 있다.

'것, 것이다'를 줄이려면

"아이돌 그룹은 대중에게 보이는 이미지도 중요하다. 노래와 더불어 그룹 자체의 모습이 경쟁력이 되는 것이다. 마치 상품과 같다. 단순히 노래를 부르는 사람만이 아닌 하나의 판매 상품으로 여기는 것이다. 기획사는 소속 그룹을 통해 최대한의 수익을 내려 한다. 아이돌 그룹은 대중에게도 기획사에도 단순한 상품으로 여겨지는 것이다."

어느 대학생이 과제로 작성한 글이다. 이상한 점이 있다면 무얼까? 특별히 문제되는 곳은 없다. 걸리는 게 있다면 '것이다'로 끝나는 문장이 많다는 점이다. 여섯 개의 문장 중 세 개의 문장을 '것이다'로 마무리하고 있다. 글을 처음 쓰는 사람이나 책을 몇 권 쓴 사람이나 '것이다'로 끝나는 문장을 피해가기는 쉽지 않다. 글쓰기에 익숙하지 않은 사람은 특히 더 그렇다. 자기도 모르게 여기저기 '것이다'를 남발한다. 너무 익숙해져서 자주 쓰고 있다는 사실조차 모른다. 퇴고하면서 알게 된다. 이렇게나 많다니. 많은 건 알게 됐지만 뾰족한 해결책은 없다. 잠시 고민하다 간단한 결론을 내린다. '별문제 없네, 그냥 가자.'

'것이다'를 자주 쓰는 이유는 별게 아니다. 특별한 소신이 있거나 글쓰기 기술로 활용해서가 아니다. '것이다'로 문장을 끝내면 글쓰기가 한결 편하다. 적절한 서술어를 찾지 못할 때 써먹기 좋다. 마무리가 애매하고 막히는 곳에 '것이다'를 붙이면 그럭저럭 나쁘지 않아 보인다. 여기저기에 잘 어울려 보이니까 이 문장 저 문장에 자꾸 끌어온다. 또 다른 이유는 습관이다. 아무 이유 없이 쓴다. 아무 생각 없이 쓴다. 쓰다 보니 자꾸 쓰게 된다. 결국 곳곳에서 '것이다'가 곰팡이처럼 피어난다.

폼 잡으려고 쓰기도 한다. '사랑은 아름답다'라고 쓰니 너무 싱겁고 너무 당연하게 보인다. '사랑은 아름다운 것이다'로 고쳐본다. '것이다' 하나 넣었을 뿐인데 문장이 달리 보인다. 뭔가 그럴듯하고 힘 있어 보인다. 글에 큰 의미가 담긴 듯한 기분도 든다. 문장에 방점이 찍히는 듯하고 메시지가 정확히 전달되는 듯한 푸짐한 느낌은 덤이다.

'것이다'로 끝나는 문장은 가능하면 쓰지 않는 게 좋다. 불필요한 표현이기 때문이다. 안 써도 되는 표현인데 습관적으로 반복해서 쓰거나 달리 쓸 표현을 찾지 못해서 쓴다. '것이다'라는 표현을 자주 사용하면 글 전체가 지루해지고 늘어진다. 글을 읽는 사람이 같은 표현을 계속 마주치는 건 즐거운 일이 아니다. 만병통치약처럼 모든 문장에 잘 어울린다는 판단은 오판이다. 만병통치약은 쓸 곳이 없는 약이다. 만병에 잘 듣는 약은 어떤 병에도 듣지 않는다는 뜻이다. 문장이 뭔가 있어 보인다는 생각도 착각이다. 생각만 그럴 뿐이다. 읽는 사람에게는 수준 떨어지는 글로 보이고 지나치게 많이 보이면 계속 오물을 밟는 듯 찜찜하다.

앞에 예시로 들었던 문장을 고쳐보자. "노래와 더불어 그룹 자체의 모습이 경쟁력이 되는 것이다. → 노래와 더불어 그룹 자체의 모습이 경쟁력이 된다." 단순한 방법으로 문장의 끝부분을 바꿨다. 방법이라고 하기도 쑥스럽다. '것이다'를 '다'로 바꾸어 마무리했다. 아주 매끄럽진 않아도 이상하지는 않다. 의외로 많은 문장이 이런 방법으로 간단하게 바뀐다.

"단순히 노래를 부르는 사람만이 아닌 하나의 판매 상품으로 여기는 것이다. → 단순히 노래를 부르는 사람만이 아닌 하나의 판매 상품으로 여기기 때문이다." 이번에는 다른 표현을 덧붙여서 의도적으로 '것이다'를 피해갔다. 하나의 문구를 더 넣어서 문장을 끝내는 방법이다. 표현을 덧붙일 때는 문장이 전하는 의미를 벗어나지 않게 조심해야 한다. 마무리 문구를 바꾸다 메시지의 혼란이 생길 수 있다.

"아이돌 그룹은 대중에게도 기획사에도 단순한 상품으로 여겨지는 것이다. → 아이돌 그룹은 대중에게도 기획사에도 단순한 상품으로 여겨진다." 또는 "아이돌 그룹은 대중에게도 기획사에도 단순한 상품으로 여겨진다는 걸 알 수 있다." 이 문장은 '것이다'를 '다'로 바꾸어도, 표현을 덧붙여서 바꾸어도 매끈하다. 수정한 문장을 원래 자리에 집어넣으니 '것이다'라는 표현이 없어도 글의 흐름이 자연스럽다.

이 책 역시 곳곳에 '것이다'로 끝나는 문장이 있다. 어떻게든 피하려 했지만 그렇게 하지 못했다. 변명일 수 있다. 더 많이 고민하지 않았고 더 노력하지 않았음을 인정한다. '것이다'를 사용하지 않고도 글쓰기는 얼마든지 가능하다. 그러나 쉽지 않다. 무조건 쓰지 말라고 하기 어려운 건 그래서다. 최대한 자제하면서 글을 쓰는 게 좋다. 자기만의 다른 표현법을 만든다면 가장 좋다. 그래도 안 되면 어느 정도는 용납하자. 완벽주의는 정신건강에 해롭다. 고통 받으려고 글 쓰는 게 아니지 않은가.

육계장을 먹을까, 육개장을 먹을까

"손님을 그렇게 소홀하게 대하면 안 돼." "단촐하게 셋이서 만나면 되겠네." 두 개의 문장에는 틀린 곳이 있다. 어느 곳이 틀렸을까? 첫 문장의 '소홀'은 '소홀'의 잘못이다. 두 번째 문장에서 '단촐'은 '단출'의 잘못이다. 일상생활에서 자주 사용하는 말이지만 신경 쓰지 않으면 잘못이라는 걸 알아채기 어렵다. '흥칙하다'라고 많이 쓰지만 맞춤법에 맞는 말은 '흉측하다'이다. 사람들이 즐겨 먹는 '육계장'은 '육개장'으로 써야 맞다. '출산율과 출산률' 중에 어떤 게 맞을까? 출산율이 맞다. ㄴ받침이나 받침이 없는 글자 뒤에는 '율'로 쓰고 그 외의 글자 뒤에는 '률'로 쓴다.

맞춤법을 제대로 아는 건 피곤하고 어렵다. 알려고 할수록 더 헷갈리고 더 어렵게 느껴진다. 날마다 사용하는 한국어인데 맞춤법을 따지기 시작하면 편해지는 게 아니라 오히려 머리가 아프다. 10년 넘게 배워도 한 마디도 하지 못하는 건 영어만이 아니었다. 사실은 등잔 밑이 어두웠다. 글쓰기를 하려는 사람들에게 큰 벽이 되는 것 중 하나가 한글 맞춤법이다. 말할 때는 조금 틀린 말이 있거나 설명이 부족해도 상대방이 알아서 이해하고 해석한다. 글은 그렇지 않다. 글자 하나가 틀려도 잘못된 글이고 맞춤법이 틀리면 수준 이하의 글이 된다. 글쓰기를 해보겠다고 마음먹었다면 맞춤법이라는 영원한 숙제를 기꺼이 떠안아야 한다.

'무슨 부귀영화를 누리겠다고 이렇게까지 맞춤법을 알아야 하나.' 이런 마음이 들지만 어쩔 수 없다. 맞춤법을 무시하고 글을 쓰기는 애초에 불가능하다. 벗어날 수 없는 숙명과도 같다. '몇 글자 틀릴 수도 있지'라고 생각한다면 위험하다. 어쩌다 틀릴 수는 있다. 그러나 틀리고 틀리고 또 틀린다면 뭐라고 할 것인가. 월드컵 축구경기에서 이영표 해설위원은 '실수도 계속되면 실력'이라고 뼈아픈 지적을 했다. 맞춤법이 계속 틀리는 글은 실력이 없는 글이다. 틀린 맞춤법이 이어지는 글을 독자가 읽고 싶어 할까? 신뢰할 수 있을까?

영어 문장에서 글자 하나가 틀리면 읽다가 혀를 끌끌 찬다. 'I am a boy'를 'I am a by'라고 썼다면 어떨까? 큰 실수라고 생각한다. 문장 자체가 성립하지 않으니까. 더구나 그 쉬운 단어를 틀렸으니 글 쓴 사람의 수준까지 의심하게 만든다. 글자 하나 틀렸을 뿐인데 절벽 밑으로 떨어진다. 그런데 한글 맞춤법은 의외로 중요하게 생각하지 않는 사람이 많다. 단순한 실수라고 쉽게 생각한다. 이상한 이율배반이다. 한국어든 영어든 맞춤법 하나 틀렸다고 무식한 사람이라고 할 일은 아니다. 큰일 날 실수도 아니다. 그러나 글에서 그런 오류를 발견하면 누구나 글의 품격에 의문을 가질 수밖에 없다. 한때 어떤 외국 잡지는 틀린 맞춤법을 발견하는 독자에게 상금을 주겠다고 한 적도 있다. 자신 있다는 표현이고 활자를 사용하는 매체로서의 프라이드였다. 글을 쓴다면 이 정도 자신감은 있어야 한다.

최근 인터넷 기사를 보면 어렵지 않게 오자(誤字)를 발견할 수 있다. 중간에 글자가 빠져 있는 탈자(脫字)도 흔하다. 비문도 많다. 오자를 두세 번 발견하면 '이건 어디 기사인데 이렇게 엉망이야?' 하는 생각이 절로 든다. 별것 아닌 것 같은 맞춤법 오류가 매체의 신뢰를 깎아먹는 뇌관이 된다. 독자가 얼굴을 찌푸리는 순간 그 매체를 향한 믿음은 무너진다. 물론 바빠서 그럴 수 있다. 이해는 된다. 그러나 용서까지 되는 건 아니다. 이해와 용서는 다르다. 운동화를 샀는데 밑창이 갈라졌거나 끈의 길이가 다르다면? 자동차를 샀는데 사이드 미러가 없다면? 공장이 바빠서 그렇게 됐다고 하면 소비자들이 '아, 그랬구나' 할까? 욕은 바가지로 먹고 제품은 팔리지 않을 것이고 시장에서 퇴출당한다. 글에서 맞춤법이 틀리는 것도 다르지 않다. 글의 메시지는 믿음을 주지 못할 것이고 필자는 욕을 먹는다. 그래도 할 말은 없다. 왜? 글을 쓰는 사람이니까. "입사지원서, 자기소개서에 맞춤법이 틀렸다면 탈락 대상이다." 기업 인사담당자의 87%가 내놓은 답변이다. 이유는 부주의해 보인다는 것이고 업무능력에 의문이 들기 때문이다. 그깟 글자 하나의 실수가 그 사람에 대한 믿음을 깎아먹는다. 맞춤법은 그래서 중요하다.

글을 쓰다 보면 이게 맞는 표현인지 아닌지 헷갈릴 때가 많다. 맞춤법을 제대로 공부한 것도 아니고, 앞으로 열심히 공부할 것도 아니니 자연스러운 일이다. 그럴 땐 꼭 사전을 찾아봐야 한다. 제대로 된 표현을 찾는 건 어렵지 않다. 우리에겐 24시간 활용할 수 있는 비서가 있다. 바로 인터넷. 포털의

어학사전을 찾아보면 간단하게 해결된다. 예전처럼 두꺼운 사전을 들고 다닐 필요도 없다. 키보드 몇 번 두드리면 문제가 풀린다. 아주 간단하다. 어학사전을 즐겨찾기에 등록하거나 브라우저의 첫 화면으로 설정해놓으면 접근하기도 쉽다.

한글 프로그램으로 글을 쓰다 보면 이곳저곳에 빨간 밑줄이 그어지는 걸 볼 수 있다. 그 부분의 맞춤법이 틀렸다는 표시다. 못 본 척 지나가면 안 된다. 왜 틀렸는지, 무엇이 틀렸는지, 어떤 게 맞는 표기인지 꼭 찾아봐야 한다. 틀린 부분을 지나치거나 무시하지 않고 찾아보기만 해도 맞춤법 실력은 쑥쑥 자란다. 인터넷을 항상 접할 수 있는 환경에서 맞춤법을 모르는 건 무식이 아니라 게으름이다. 조금만 신경 쓰고 조금만 귀찮음을 이겨내면 맞춤법 실력은 좋아진다. 맞춤법은 글 쓰는 사람의 기본이며 독자에 대한 예의다.

소똥은 소똥일 뿐

"급속히 번진 조류독감으로 양계장의 닭 200여 마리가 사망했다." "구제역에 전염된 소 100여 마리가 사망한 것으로 알려졌다." 두 문장을 읽어보면 어색한 느낌이 든다. 더 이상한 건 분명히 어색한데 뭐가 문제인지 모르겠다는 거다. 콕 집어내고 싶은데 무얼 집어내야 하는지 분간이 안 된다.

어색한 이유는 '사망'이라는 단어 때문이다. 닭과 소에 관한 이야기를 하고 있는데 '사망'이라는 단어를 사용했다. 사망은 '사람이 죽었다'는 뜻이다. 사람에게만 쓸 수 있는 말이다. 그런 단어를 닭과 소가 주어인 문장에 사용했으니 적절하지 않은 표현이다. 잘못된 단어의 사용으로 문장 자체가 망가져 버린 사례다. "급속히 번진 조류독감으로 양계장 닭 200여 마리가 죽었다." "구제역에 전염된 소 100여 마리가 죽은 것으로 알려졌다." 이렇게 써야 한다.

"소와 닭의 대변을 활용해서 퇴비를 만든다." "반려견, 반려묘의 대변은 제때 치워주어야 한다." 이 문장은 어떤가. 역시 뭔가 어색하기는 마찬가지다. 여기서는 '대변'이라는 단어가 문제의 초점이다. 틀린 단어는 하나도 없는데 뭔가 어색한 건 주어에 어울리는 표현이 아니기 때문이다. 소와 닭의 대변, 소똥과 닭똥. 어떤 표현이 더 적합할까? 사전에는 대변이 '똥을 점잖게 이르는 말'이라고 되어 있다. 사람의 똥만 대변이라고 한다는 규정은 없으니 문제가 없다고 주장할 수도 있다.

그럼 이건 어떤가. "우리 집 소 누렁이가 대변을 봤다." "우리 집 소 누렁이가 똥을 쌌다." 소가 주체가 되었을 때는 '대변을 봤다'보다는 '똥을 쌌다'가 더 어울린다. 함께 사는 귀엽고 예쁜 반려견, 반려묘인데 대변이라고 한들 뭐가 문제냐고 하면 할 말은 없다. 그러나 굳이 동물의 똥을 대변이라고 할 이유가 있을까. 내가 보기에 귀엽고 예쁜 것과 글쓰기에서 적절한 표현을 해야 하는 건 다른 문제다. 적절하지 못한 예쁜 표현에 매달리면 문장을 망친다.

똥이라는 단어는 사실 불결한 느낌을 주고 고약하다. 그렇다고 소똥을 소 대변이라고 하는 건 전혀 어울리지 않는다.

글 속의 표현은 문장의 주어와 상황에 적합한 어휘를 사용해야 한다.

"주문하신 아메리카노 나오셨어요." "화장실은 오른쪽에 있으세요." 카페에 가면 자주 듣는 말이다. 아메리카노 커피와 화장실에 극진한 존칭을 사용하고 있다. 커피와 화장실도 존대를 받는 시대다. 그런 마당에 닭이 사망하면 어떻고 소의 대변이면 뭐 어떠냐고? 고객 존중을 넘어 더 예뻐 보이는, 매출에 도움이 되는 표현만 찾다 보니 원칙이 파괴되고 파괴된 원칙은 그대로 굳어버린다. 글쓰기에도 비슷한 일이 벌어진다. 넓은 마음, 따뜻한 마음으로 단어 하나쯤 격을 높여서 쓰면 어떠냐고 할 수도 있다.

그건 넓은 마음도 따뜻한 마음도 아니다. 그냥 잘못된 생각일 뿐이다. 글에서는 어떤 표현을 사용하느냐에 따라 많은 게 달라진다. '닭 100마리가 돌아가시고, 개는 대변을 보고, 아메리카노가 나오셨다'는 글을 읽는 사람은 어떤 생각이 들까? 넓고 따뜻한 마음으로 쓴 글이니 마음이 훈훈해질까? 정반대로 싸늘해지지 않을까? '이게 뭐야. 글이야 똥이야?' 이런 말을 날릴지도 모른다.

옥상달빛의 '수고했어 오늘도'는 많은 사람에게 사랑받는 노래다. 퇴근길에 듣고 있노라면 하루의 피곤함과 힘겨운 마음이 가시는 듯하다. 언젠가 새벽 5시쯤 버스를 탄 적이 있었다. 이른 출근을 하는 날이었다. 자리를 잡고 앉자마자 눈을 감았다. 눈을 붙이고 모자란 잠을 조금이라도 보충하고 싶었다. 잠이 들기를 기다리는데 운전기사가 틀어놓은 라디오에서 노래가 나온다. '수고했어 오늘도' 바로 그 노래. 듣는 순간 '이건 뭐지?' 하는 생각이 든다. 새벽 5시 출근길에 '수고했어 오늘도'라니. 그렇게 좋던 멜로디와 가사에도 아무런 감흥이 일어나지 않았다. 오히려 황당해서 헛웃음이 나왔다.

모든 건 제자리가 있고 필요한 때가 따로 있다. 자리에 맞는 단어를, 상황에 적합한 표현을 사용하지 않으면 글도 황당해지고 헛웃음이 나온다. 메시지가 전달되지 않고 글맛이 뚝 떨어진다. 주어와 문장에 적합한 단어만 잘 골라 써도 글쓰기를 망치는 일은 줄어든다.

4장

좋은 문장,
좋은 글,
좋은 표현은?

어설픈 기교보다 기본이 낫다

글쓰기는 좀 신기한 구석이 있다. 쓰는 순간 잘 쓰고 싶어진다. 대충도 아니고 아주 잘 쓰고 싶다. 취미로 운동을 하거나 악기를 연주할 때 잘하고 싶은 건 당연하다. 그렇지만 취미 수준을 넘어서 최고 수준을 꿈꾸는 사람은 많지 않다. 자기 기량에 맞는 적당한 선에서 만족한다. 글쓰기는 좀 다르다. 처음 쓰는 사람도 잘 쓰고 싶어 한다. 조금 익숙해지면 유명한 소설가 같은 문장을 쓰고 싶어 한다. 글을 비교할 때는 소문난 소설가의 것을 고른다. 주변 사람을 비교 대상으로 삼아도 아주 잘 쓰는 사람을 택한다.

그러곤 절망한다. '나는 왜 이렇게 못 쓰는 걸까.' 글을 잘 쓰고 싶다는 욕심, 그 욕심이 강할수록 글은 잘 써지지 않는다. 욕심은 생각을 굳게 만들고 손을 얼어붙게 한다. 욕심이 불러오는 또 다른 부작용은 글에 멋을 부리려 한다는 점이다. 갖은 기교를 동원해 이런저런 장식을 붙인다. '내 글이 이 정도야' 하며 자랑하려 한다. '아니, 이렇게 잘 써?' 이런 소리를 듣고 싶어 한다. 그런데 기묘하게도 글은 장식하면 할수록 더 나빠진다.

"우주에 홀로 외로움을 넘는 그 거침없는 자기 혁명으로 이 끄는 실천은 아름다움과 글쓰기다." 장식으로 가득한 문장이다. 멋도 많이 부렸다. 그런데 지나친 장식이 독이 되고 말았다. 너무 많은 수식어를 쓰는 바람에 문장은 비문이 됐다. 무슨 소리인지 알기 힘들다. 음식에 비유하자면 재료의 고유한 맛보다 양념 맛이 더 강해서 무엇을 먹는지 알 수 없게 되었다. 누구도 맛있다고 하지 않는다. 사람들은 재료의 맛과 양념 맛을 분간해내는 기막힌 혀와 신묘한 감각을 갖고 있다. 어설픈 양념으로 맛을 돋우는 음식으로는 기대를 충족시키지 못한다.

글을 읽는 독자들 역시 글의 맛을 분간하는 훌륭한 감각을 갖추고 있다. 잘 쓴 글인지, 쓸데없이 멋만 부린 글인지 정확하게 가려낸다. 글에 달린 장식이 멋지게 어울리는지 아닌지 짚어내는 눈이 있고, 좋은 문장인지 아닌지 똑 부러지게 구별

하는 판단력이 있다. 언젠가 지방 소도시에 갔을 때 유명한 소고기 뭇국을 맛볼 기회가 있었다. 소고기와 무 외에는 특별한 게 들어 있지 않았는데도 맛이 기가 막혔다. 담백한 뭇국 하나로 손님들을 줄 세우고 있었다. 이렇게 음식은 어설픈 양념보다 재료 고유의 맛을 살릴 때 감동을 준다. 글도 마찬가지다. 어설픈 기교보다 기본에 충실한 게 훨씬 나은 선택이다. 지나친 장식을 덧댄 문장보다는 하고자 하는 말을 명확하게 담아낸 담백한 문장이 더 낫다. 문장은 꾸밀수록 복잡해진다. 모양을 낼수록 더 지저분해진다.

글을 잘 쓰고 싶다면 특별한 비결이 하나 있다. 잘 쓰려고 하지 않으면 된다. 왜 꼭 잘 써야 할까? 그래야 하는 이유는 특별히 없다. 그냥 잘 쓰고 싶은 것뿐이다. 잘 쓰고 싶은 욕심이 있을 뿐이다.

글을 쓰는 건 하고 싶은 말을 전하기 위해서다. 목적에 충실하면 그걸로 충분하다. 잘 쓰는 것보다 명확하게 쓰는 게 우선이다. 글을 잘 쓰지 말라는 게 아니다. 잘 쓰면 얼마나 좋을까. 그런데 그게 쉽지 않고 사람을 힘들게 한다. 잘 써지지 않는다면 잘 쓰려 하기보다는 할 말을 다 하는 데 충실하면 된다. 잘 쓰려 하면 폼을 잡게 되고 폼을 잡으려면 여러 가지

기교를 동원해야 한다. 다양한 액세서리가 필요하다. 보기 좋고 멋진 장식 어구를 활용해서 쓰는 순간, 글은 망가지는 길로 들어선다. 잘 쓰겠다는 생각이 글을 망친다. 그러니 잘 쓰려다 오히려 글이 더 나빠지는 일은 만들지 말자. 잘 쓴 글보다 무슨 소리인지 알기 쉬운 글이 낫다. 잘 쓰는 것보다 담백한 문장으로 명확하게 쓰는 게 기본이다.

　요리 잘한다는 소리 듣겠다고 양념과 조미료를 쏟아붓는 사람은 없다. 현명한 선택이 아니란 걸 누구나 안다. 신선한 재료로 음식 고유의 맛을 살려내야 먹는 사람들이 감탄한다. 글을 쓸 때는 그런 사실을 알면서도 실천하지 못한다. 멋진 문장, 그럴듯한 문장을 만들겠다는 욕심에 갖은 수식어를 끌어와 쓴다. 좋은 선택이 아니다. 글도 지나친 기교를 부리면 망한다. 기교보다 소재의 차별화, 느낌을 살려낸 담백한 문장이 읽는 사람에게 울림을 준다. 글을 잘 쓰고 싶다면 잘 쓰려고 하지 않는 게 첫 번째 할 일이다. 잘 쓰기보다 명확하게 쓰려고 해야 한다. 명확하게 그리고 담백하게 쓰면 글 잘 쓴다는 소리를 들을 수 있다. 기교는 기본을 이기지 못한다. 기교보다 기본에 충실해야 글이 살아난다. 하고 싶은 말이 제대로 전해지면 그 글이 바로 잘 쓴 글이다.

같은 단어, 같은 표현의 식상함

TV를 틀어도 유튜브를 봐도 먹방이 지천이다. 웬만한 한식, 일식, 양식, 중식은 다 등장한다. 구경하기조차 힘들었던 음식도 먹방에선 흔하다. 블로그나 SNS에는 갖가지 음식에 관한 글이 넘쳐난다. 맛깔나게 쓴 글을 보고 있노라면 입맛도 당기고 글맛도 당긴다.

색다른 음식이나 맛있는 걸 먹은 뒤에는 나도 글 한 번 올려볼까 하는 생각이 슬쩍 든다. 어차피 올리는 거 지난 한 달간의 맛있는 음식에 대해 글을 쓴다고 해보자. "친구와 만났던 종로 일식집은 연어 초밥이 맛있더라. 주말에 먹은 돈가스는 허름한 가게였는데도 정말 맛있었다. 회사 옆 중국집 짜장면은 최고로 맛있다." 이렇게 썼다면 글을 읽는 사람은 정말 맛있게 느껴질까? 읽기는 좋을까? 맛있다는 이야기를 하고 있는데, 맛있다고 계속 쓰고 있는데 왜 느낌은 그렇지 않을까? '맛있다'라는 단어 때문이다. 같은 단어를 반복해서 사용하는 바람에 단어 고유의 감각이 뚝 떨어졌다.

'좋은 말도 한두 번이다'라는 말이 있다. 예쁘다는 말을 몇 번 들으면 단어의 맛이 사라지고 금방 싫증이 난다. 멋지다는 말도 몇 번 이어지면 멋지기는커녕 지겹다. 단어 고유의 느낌이 날아가버린다. 아무리 맛있는 음식도 앉은 자리에서 몇 번을 먹으면 냄새도 맡기 싫어지는 것과 같다.

말만 그런 게 아니다. 글도 마찬가지다. 한 편의 글에 같은 표현을 두 번 사용하면 어떨까. 예를 들어, '바보 같은 짓이었다'라고 글의 초반부에 쓰고 '바보 같은 행동을 했다'라고 끝부분에 쓴다. 겨우 두 번뿐인데 글 전체의 맛이 뚝 떨어진다. 쓰는 사람 입장에서는 달랑 두 번 썼을 뿐이고 표현도 조금은 다르다. 그런데 읽는 사람에겐 그렇게 보이지 않는다. 독자에게 두 문장은 똑같은 표현이다. 겨우 두 번인데도 읽을 때는 아까와 똑같은 문장을 또 읽는 기분이 든다. '왜 한 말을 또 하고 있지?' 하는 생각이 자연스럽게 떠오른다. 특별한 표현만 그런 게 아니다. 글에서 흔하게 사용하는 소소한 단어들도 마찬가지다. 같은 단어를 반복해서 사용하면 글은 신선함을 잃고 시들시들해진다. 둔감하게 느껴지고 읽기에도 지겹다. 거기서 끝나지 않는다. 저자에 대한 신뢰감에도 좋지 않은 영향을 미친다.

한 편의 글에서 같은 단어를 두 번 쓰지 않는 건 참 어렵다. 단어 하나하나로 만들어내는 게 글인데 그 많은 단어 중에 같은 단어를 피하기가 정말 힘들다. 수억 개의 단어가 지구를 꽉 채우고 있는 것 같은데 막상 글을 쓰다 보면 그 많은 단어가 하나도 보이지 않는다. 평소에는 안 그런데 글만 쓰려 하면 같은 단어, 같은 표현만 계속 떠오르는 기묘한 현상이 생긴다. 머리를 쥐어짜며 다른 단어를 찾아내려 하지만 마음대로 되지 않는다. 어쩜 이렇게 생각나는 단어가 하나도 없을까?

글쓰기를 해보면 표현력 부족을 실감한다. 그것도 아주 절실하게. 이래서야 무슨 글을 쓰나 하는 절망감도 든다. 그만두고 싶다는 생각이 굴뚝같다. 그래도 계속 써야 한다. 글 쓰는 사람은 누구나 다 그러니까. 우리가 알고 있는 모든 유명한 작가도 다를 바 없다고 하니까. 글쓰기를 할 때면 도둑이 되고 싶다. 어휘가 가득 찬 창고가 있다면 열쇠를 훔치고 싶다. 그런 창고가 있다면 말이다.

같은 단어를 연거푸 써서 글이 지겨워지는 걸 막으려면 같은 뜻을 지닌 다른 단어를 찾아야 한다. '맛있다'라고 썼으면 다음에는 '감칠맛이다', '맛이 오묘하다', '최고의 맛을 보여준다' 정도로 바꾸어 쓴다. 표현을 조금만 바꿔도 글 전체의 신선함이 유지된다. 같은 뜻의 단어를 살짝 바꾸는 건 꼼수 아니냐고 할지도 모르겠다. 그건 꼼수가 아니라 '표현력'이고 진정한 실력이다. 단어를 다룰 줄 아는 건 대단한 글쓰기 재능이다. 설사 꼼수라고 해도 그 꼼수가 필요하다. 단어를 바꾸는 작은 변화로 글이 살아나기 때문이다.

표현을 다양하게 하는 것도 같은 단어 중복을 피하는 또 다른 방법이다. '바다가 입안에 가득 찬 느낌…', '나물 향기가 코를 찌르고…', '아삭 소리가 들릴 만큼 잘 튀겨진…'. 이처럼 맛을 은유적인 감각으로 보여준다. '맛있다'는 표현을 쓰지 않아도 메시지가 충분히 전달된다.

어휘나 표현력을 늘리려면 많이 읽고 많이 느끼고 많이 배워야 한다. 다양한 어휘를 배우기에는 소설이 도움이 된다. 이름난 세계 고전문학도 괜찮고 트렌디한 현대문학도 좋다. 어휘력과 표현력을 키우는 건 단숨에 되지 않는다. 장기전을 치른다고 생각해야 한다. 한 발 한 발 내딛다 보면 어느새 마음먹은 대로 표현하는 자신과 만나게 된다.

꼭 짧게 써야 할까?

단문으로 짧게 쓴 글은 의미가 명확히 전달된다는 장점이 있다. 글이 짧아서 다른 해석의 여지가 없다. 저자의 의도가 그대로 드러나 메시지 전달이 쉽다. 문장의 주술 관계도 꼬이지 않는다. 복문의 경우 자칫하면 주어와 술어의 호응이 어긋나기 쉽다. 주술 관계가 꼬이면 문장의 의미를 이해하기 힘들어진다. 짧게 쓰기의 또 다른 장점은 쓰기가 쉽다는 점이다. 단문으로 툭툭 치고 나가는 문장이 길게 쓰는 것보다 쓰기 쉽다. 짧기 때문에 글에 힘이 실리는 효과도 얻을 수 있다.

단문은 주어와 술어가 하나만 있는 문장을 말한다. 내용도 한 가지만 담긴다. '나는 학교에 갔다'처럼 짧고 단순하다. 오해를 부를 소지가 없다. "그녀의 가족은 해외에 거주하고 있어서 나와 함께 여행도 다니고 서로 모르는 가족이 없을 만큼 가까운데 그녀만큼 그녀의 가족들과도 두터운 정이 쌓여 서로를 신뢰하는 관계가 되었다." 이 문장은 어떤가. 실제 글쓰기 수업에서 과제로 제출한 글이다. 이 책에서는 네 줄, A4 용지에 옮기면 두 줄이 넘는 긴 문장이다. 사실 A4 용지에서 두 줄은 아주 길다고 할 수는 없다. 그런데 이 문장은 주어가 무엇인지 헷갈리고, 여러 가지 내용이 섞여 있어 무척 혼란스럽다. 문구를 수식하는 어휘 배치도 엉망이다. 무슨 말인지, 무엇을 이야기하고 싶은지 이해가 잘 안 된다. 짧게 쓰면 이런 혼란은 아예 차단할 수 있다.

짧게 쓰기는 누구에게나 유용할까? 의외로 짧게 쓰기를 더 힘들어하는 사람들이 있다. "아무리 연습해도 짧게 쓰는 게 잘 안 돼"라고 말한다. 글쓰기는 스타일이다. 자기에게 맞는 글쓰기 방식이 있다. 묵직하고 논리적인 글을 잘 쓰는 사람이 경쾌하고 재미있게 쓰겠다고 마음먹으면 당장 그렇게 써질까? 아니다. 긴 문장 쓰기에 익숙한 사람이 생각을 바꾼다고 곧바로 짧게 술술 써지지 않는다. 길게 늘여 쓰는 게 더 잘 써지고 편하다면 굳이 짧게 쓰기에 매달릴 필요는 없다. 자기 스타일대로 쓰는 게 낫다. 단, 글의 기본조건을 충족해야 한다. 의미 전달이 명확하고, 문장 구성이 복잡하지 않아야 한다.

"거의 인생의 반을 독일에 살면서 향수와 모국어에 대한 허기를 식량으로 글을 써온 시인이 어느 날 죽음과 마주쳐 '혼자 가는 먼 집'의 길을, 그 멀고 캄캄한 길을, 너무나 멀고 캄캄해 등불 없이는 갈 수 없을 것 같은 길을 가야만 한다는 것을 알았을 때 모국어로 이루어진 자신의 책이 등불로 다가오지 않았을까."

"속이 상했다고 틀어박혀 있어 보았자 먼지만 마십니다. 거리로 나갔습니다. 옷과 옷 사이에 작은 가방을 앞에 차고 긴 옷으로 가렸습니다. 모양은 우습지만 사진만 안 찍으면 됩니다. 이제는 안전이 최고의 목표입니다. 거리의 총격전 소식도 들려옵니다. 파업 행진도 보았습니다."

첫 번째는 소설가가 쓴 긴 문장이고, 두 번째는 학자가 쓴 글이다. 소설가가 쓴 글은 여섯 줄이나 되지만 하나의 문장이다. 정신분석학자가 쓴 글은 짧게 쓴 문장이 맞물리는 식으로 구성되었다. 문장의 길이와 관계없이 둘 다 잘 읽힌다. 의미 전달에도 문제가 없고 메시지도 명확하다. 문장의 길이 자체가 문제가 되는 건 아니다.

자기 글이 크게 문제가 없다면 억지로 짧게 쓰려고 고민할 필요는 없다. 자기에게 맞는 방식으로 쓰면 된다. 그럼에도 둘 중에 어떤 방식을 택하는 게 좋을지 물어본다면 짧게 쓰기를 권한다. 글쓰기에 익숙하지 않은 사람이라면 더더욱 짧게 쓰라고 하고 싶다. 이유는 앞에서 말한 장점들이다. 의미가 명확하고, 문장이 꼬일 염려가 적으며, 상대적으로 쓰기가 쉽다는 것.

단문 만들기

"문장을 짧게 쓰라." 글쓰기에 관해 조언할 때 예외 없이 나오는 말이다. 문장을 짧게 쓰면 좋은 이유는 여러 가지다. 우선 읽기가 편하다. 한눈에 또는 한 호흡에 읽을 수 있으니 독자가 편하다. 이해하기도 쉽다. 문장이 단순해지니 여러 내용이 섞이지 않아서 의미를 쉽게 알아차린다. 짧게 문장을 만드니 주어와 술어 그리고 목적어가 꼬이는 일이 없다. 필요한 내용만 담으니 글을 쓰는 사람도 편하다. 여러 가지 이유로 문장을 짧게 써서 손해 볼 일은 별로 없다.

문장을 구사하는 방식은 다양하다. 길게 쓰는 사람이 있고 짧게 쓰는 사람이 있다. '짧게'의 기준은 한 문장에 주어 하나와 술어 하나 정도로 보면 된다. 길게 쓰는 문장에 자신이 있으면 그것도 나쁘지 않다. 긴 문장도 나름의 맛이 있으니까. 만연체 서술 방식은 글 쓰는 사람이 원하는 내용을 세세히 넣을 수 있어 좋다. 다만 문장의 호흡이 길어 구와 절을 잘 배치하지 못하면 읽을 때 헷갈리는 지점이 생긴다. 글이 늘어질 수도 있다. 문장 다루기에 자신이 없는 사람이라면 조심해야 할 점이 꽤 많다.

일부러 문장을 길게 쓰고 늘어지게 쓰는 사람은 없다. 짧게 쓰려고 하는데 자기도 모르게 길어질 뿐이다. 다시는 이러지 말아야지 하지만 마음대로 되지 않는다. 쓰다 보면 어느 순간 또 길어진 문장이 눈앞에 놓여 있다. 문장을 짧게 쓰는 게 쉽다면 누구도 강조하지 않았을 거다. 문장이 길어지는 건 하나의 문장에 여러 가지를 담으려 해서 그렇다. 하나의 문장에 하나의 내용만 담으면 되는데 말이다.

글을 완성한 뒤에 보니 길고 긴 문장이 여기저기에 널려 있다면 어떻게 할까. 이걸 어쩌나. 다시 쓰자니 별로 달라지지 않을 게 뻔하고 무엇보다 일단 귀찮다. 그렇다면 그 상태에서 방법을 찾아보자. 가장 쉬운 방법은 자르는 거다. 어떻게 자르냐고? 그냥 자르면 된다. 뚝, 나뭇가지 가운데를 부러뜨리듯 말이다.

"경찰서 안내 자료에 의하면 자동차 경적소리는 운전 중에 상대방에게 위험을 알려주거나 안전을 환기해주는 기능으로써, 최근에는 앞차가 흔들리면서 졸음운전을 할 때에 경적을 울려주어 안전한 운전을 할 수 있도록 예방하는 큰 역할을 하고 있다고 한다."

중간에 쉼표를 사용했는데도 긴 문장이다. 글이 지나치게 늘어졌다. 아주 단순하게 쉼표 부분을 뚝 잘라서 나눠보자. 앞부분은 '자동차 경적은 운전 중 상대방에게 위험을 알려주는 기능이다'로 압축한다. '경찰서 안내 자료'는 빼도 아무 지장이 없으니 삭제한다. '안전을 환기해주는 기능'이라는 말은 위험을 알려준다는 말과 같은 내용이니 역시 필요 없다. 쉼표의 뒷부분은 '앞차가 흔들리면서 졸음운전을 할 때 경적을 울려 사고를 예방하는 역할을 한다'고 하면 무리가 없다. "자동차 경적은 운전 중 상대방에게 위험을 알려주는 기능이다. 앞차가 흔들리면서 졸음운전을 할 때 경적을 울려 사고를 예방하는 역할을 한다." 읽기도 쉽고 내용도 단순해졌다.

"요즘 아버지의 일과는 주말이면 막냇동생네 손녀 두 명이 와서 1박 2일로 자고 가고, 월요일에는 큰 동생네 집에 가서 1박 2일로 지내고 오신다."

이 문장은 주어와 술어의 호응이 잘못됐다. 주어는 '아버지'이고 술어는 '오신다'인데, 주어와 너무 멀리 떨어지면서 호응 관계가 꼬였다. 분리해서 써도 좋을 내용을 한 문장에 담다 보니 너무 길어졌다. 내용에 따라서 문장을 자르면 짧게 표현할 수 있다. 주어와 술어의 부조화를 바로잡으려면 일부 내용도 수정해야 한다. "요즘 아버지 일과는 주말과 월요일이 다르다. 주말에는 집으로 찾아오는 막냇동생네 손녀 둘과 1박 2일을 지내신다. 월요일이 되면 잠자리를 옮겨 큰 동생네 집에 가서 또 다른 1박 2일을 하신다." 문장을 자르고 바꾸면서 주어와 술어의 호응이 자연스러워졌다. 의미의 혼란도 바로잡혔고 읽기가 한결 수월하다.

두세 가지 내용을 다 담으려다 길어진 문장들은 물리적으로 중간을 뚝 잘라도 무리가 없다. 너무 늘어놓은 문장들 대부분이 그렇다. 문장이 길어서 쉼표를 사용했다면 쉼표를 기준으로 앞뒤로 자르면 간단하다. 자를 때는 주어 하나 술어 하나로 구성된 문장을 만든다. 한 문장에 주어 하나와 술어 하나만 남긴다. 그리 어려운 작업이 아니다. 내용을 중심으로 잘라서 두 개의 문장으로 만들면 된다.

가장 좋은 방법은 처음부터 문장을 짧게 쓰는 거다. 그런데 그게 마음대로 잘 안 된다. 이때는 쓰고 난 다음에 긴 문장을 짧게 자르면 된다. 긴 문장을 자르고 자르다 보면 어떻게 해야 문장이 짧아지는지 감각도 생긴다. 문장이 길어졌다면 자르자. 아낌없이. 뚝, 뚝, 뚝….

열려라! 문장 창고

"계절이 지나가는 하늘에는 / 가을로 가득 차 있습니다." 이렇게 시작하는 윤동주의 시 '별 헤는 밤'을 좋아했다. 아주 오래전 학교 다닐 때 이야기다. 이 긴 시를 다 외웠는데 지금은 한 줄도 제대로 외우지 못한다. 그래도 가끔 별, 밤, 이런 단어를 접하거나 윤동주라는 이름을 들으면 그 시 속 단어들이 생각난다. 어릴 때 외운 시가 몸속 어딘가 숨어 있다가 불현듯 솟아오르는 모양이다. 요즘은 어떤지 모르지만 예전에는 중고등학교에서 시를 외우게 했다.

일이 안 풀리는 친구와 술 한 잔을 하다가, "한 송이의 국화꽃을 피우기 위해 / 봄부터 소쩍새는 / 그렇게 울었나 보다" 하고 위로할 수 있는 건 그 시절 억지로 시를 외운 덕분이다. 실력도 없이 사람만 괴롭히는 직장상사 때문에 속 끓이다

"껍데기는 가라 / 한라에서 백두까지 / 향그러운 흙가슴만 남고 / 그, 모오든 쇠붙이는 가라"라고 속으로 외칠 수 있는 것도 그 외움의 시절이 있어서다.

외우기가 숙제였거나 시험에 나온다고 한 시들은 억지로라도 많이 외웠다. 때때로 마음에 콕 박히는 구절이 있는 시는 시키지 않았는데도 외웠다. 좋은 구절을 웅얼웅얼하다 나도 모르게 입에 붙어버리곤 했다. 그런 시 구절들은 학교를 졸업하고 강산이 변하는 시간이 지나서도 입에서 불쑥 튀어나온다. 마음이 울적하거나, 낭만적인 풍경 속에 있을 때, 기분 좋은 추억을 떠올릴 때, 자연스럽게 그 시절 외웠던 시들이 떠오른다. 마음속 창고에 있던 문장들이 스르르 입 밖으로 흘러나온다.

시를 외운 것처럼 좋은 문장을 외우면 글 쓸 때 많은 도움이 된다. 훌륭한 문장들이 내 것이 되고 글쓰기에 활용할 풍부한 자원이 된다. 사실 문장 외우기는 많이 부담스럽다. 대단한 문장가를 꿈꾸는 것도 아닌데 문장을 통째로 외우겠다고 덤비는 건 좀 비현실적이다. 그렇다면 노트에 적어놓고 가끔 들여다보는 건 어떨까? 좋은 글귀를 모아놓았다 필요할 때 한 번씩 들여다본다. 글이 막힐 때나 좋은 표현이 생각나지 않을 때, 그렇게 모아둔 문장이 막혔던 글을 이어줄지도 모른다. 술자리의 절묘한 순간에 어릴 적 외웠던 시를 읊는 것처럼 말이다.

책을 읽다 보면 좋은 문장을 만날 때가 많다. 멋있는 문장도 있고, 어딘가에 꼭 써먹고 싶은 문장도 있다. 적당한 표현을 찾지 못해 고민할 때 기가 막히다 싶을 정도로 들어맞는 문장도 있다. 그런 문장을 발견하면 책을 읽을 때 꼭 표시하자. 책을 다 읽은 다음에는 표시한 곳을 찾아 발췌해서 따로 옮겨 적는다. 폴더를 만들어 발췌한 문장을 모아놓는다. 시간이 많이 걸리지는 않는다. 단순히 자판으로 한 번 쓰는 과정일 뿐이지만 효과는 아주 크다. 읽고 그냥 지나가거나 머리에만 담아두는 것보다 각인효과가 뛰어나다. 나중에 더 잘 기억나고 잘 잊히지도 않는다. 발췌의 힘이다. 책을 꼼꼼하게 한 번 더 읽은 것 같은 효과도 있다. 그뿐이 아니다. 발췌를 되풀이하면 문장에 대한 감각이 자란다. 이렇게 구성하면 매끄럽구나, 저렇게 어휘를 사용하니 감칠맛이 나는구나, 이런 생각이 들면서 문장 보는 눈이 밝아진다.

이렇게 기록한 문장을 모아서 무얼 하느냐고? 그냥 그걸로 끝나는 것 아니냐고? 그렇지 않다. 나만의 문장 창고가 생긴다. 컴퓨터 폴더라는 대문을 열면 내가 좋아하는 문장이 가득 들어 있는 창고가 거기 있다. 어렸을 때 딱지를 남몰래 모아 두었던 바로 그런 기쁨이다. 서랍을 열었을 때 친구들은 모르는 딱지가 수북이 쌓여 있던 뿌듯함. 그런 기쁨을 누릴 수 있다. 창고에 들어가기만 하면 언제든 좋은 문장을 만나는 즐거움이 있다.

글을 쓰다 막힐 때, 마음에 드는 문장을 쓰고 싶을 때, 내가 원하는 문장을 그 속에서 쉽게 찾을 수 있다. 예능 프로그램을 보면 상황에 기가 막히게 딱 맞는 대사나 장면이 있는 영화를 보여준다. 웃음이 터지고 '저걸 어떻게 찾았지?' 하는 말이 저절로 나온다. 글쓰기를 할 때 그렇게 내가 필요한 문장을 꺼내올 수 있는 창고다. 글을 만들어내는 씨앗의 역할로도 훌륭하다. 창고가 커지면 커질수록 문장을 활용하는 방식도 다양해진다. 내가 쓰고자 하는 문장에 사용할 어휘도 늘어난다.

문장을 외우지 않고 발췌만 해도 효과가 있을까? 충분히 있다. 책 속 문장을 컴퓨터에 입력하면서 다시 떠올리게 된다. 떠올리면서 머리에 어느 정도 새겨진다. 발췌록을 만들어

출력하면 효과가 더 크다. 출력하면서 자연스럽게 또 훑어본다. 그런 과정을 거치면 같은 문장을 세 번 보는 셈이다. 책 읽을 때, 컴퓨터에 발췌록을 만들 때, 출력하고 나서 또. 세 번쯤 읽으면 어느 정도 머리에 자리를 잡는다. 그 후에는 간단한 서류철을 하나 마련하면 된다. 발췌록을 작성할 때마다 출력해서 서류철에 모아놓는다. 글을 쓰다 좋은 문장이 아쉬우면, 책 속의 그 문장과 비슷하게 쓰고 싶으면, 모아놓은 발췌록을 펼치거나 컴퓨터 폴더를 열어본다. 책을 읽고 발췌록을 작성하면서 나만의 문장 창고를 갖는 것. 그럴싸한 일이다. 글을 쓰다 막힐 땐 창고 앞으로 간다. 그 앞에서 조용히 말한다. '열려라 참깨!' 문장 창고가 있다면 부자다. 보화 같은 문장이 가득한 창고의 주인이니까.

남의 글 훔치기

글 한 꼭지를 쓰려고 하면 온갖 생각들이 머릿속을 날아다닌다. 생각이 있어야 글이 되지만 그것들을 글로 만드는 건 또 다른 일이다. 일단 글의 순서를 구성하는 게 쉽지 않다. 어떤 내용을 어디에 넣어야 짜임새 있고 매끈한 글이 될지 아는 건 참 어렵다. 쓰고 나서도 마찬가지다. 다시 보면 앞뒤가 맞지 않는 부분이 보인다. 전체적인 논리가 무너지면서 글의 전개가 혼란스러운 경우도 생긴다. 흔히 말하는 아귀가 맞지 않는 상황이다.

집을 지을 때는 아귀가 잘 맞아야 튼튼하다. 대들보가 있어야 할 자리가 비어 있거나 든든한 서까래 자리에 얇은 나무를 쓰면 집이 부실하다. 기둥마저 빈약하다면 곧 무너질 것처럼 보인다. 글도 집처럼 앞뒤가 잘 짜이고 아귀가 맞춰진 글이 탄탄하고 읽기 좋다. 어떤 내용으로 시작하고 중요한 메시지는 어디에 배치할 것이며 어떤 문장으로 마무리할 것인지가 착착 맞아 들어가면 글쓰기는 덜 힘들다. 글을 어떻게 구성하느냐에 따라 완성도가 달라진다.

집을 지으려는데 설계도면을 만드는 능력이 부족하다면 집을 짓기 어렵다. 무얼 어떻게 해야 튼튼한 집이 만들어지는지 모르기 때문이다. 그렇다고 집을 안 지을 수는 없는 일. 그럴 때는 잘 만들어진 남의 집 도면을 훔쳐 오는 것도 방법이다. 훔쳐 온 도면을 보고 그대로 따라 짓거나 나에게 맞게 살짝 바꾸면 된다.

글을 구성하는 게 익숙하지 않다면 따라쟁이가 돼보자. 잘 쓴 남의 글을 훔쳐 오는 것이다. 훔쳐 와서 내 것으로 만들면 그때부터는 내 글이다. 훔칠 때는 글을 읽다가 '정말 잘 썼네' 하는 생각이 든 글을 택하면 된다. 평소에 좋아하는 글을 고르는 것도 괜찮다. 담백하게 메시지를 전달하는 글쓰기를 하려면 장영희와 장석주의 책들을 권한다. 일상을 소재로 삼으면서 하고 싶은 이야기를 매끈하게 잘 전달한다. 쉽게 읽히면서 공감을 끌어내는 글이 많다.

마음에 드는 글을 가져왔으면 이젠 그 글을 분석한다. 이를 테면 해부를 시작할 순서다. 글을 읽기 전에 빈 종이에 1부터 10까지 적는다. 글을 읽으면서 그 숫자를 채워간다. 1에는 첫 부분을 어떤 이야기로 시작했는지 적고, 2에는 첫 이야기를 어떤 내용으로 이어가고 있는지 적는다. 글의 분석 내용을 적을 때는 키워드만 알 수 있을 정도로 간단하게 적으면 된다. 부분별 요점 정리라고 생각하면 딱 맞다. 꼭 10등분이 아니어도 상관없다. 글의 구성에 따라 6, 7등분에서 끝날 수도 있다. 등분할 때는 단순히 분량으로 자르면 안 된다. 펼쳐지는 내용에 따라서 서두, 전개, 사례, 메시지, 반전, 클라이맥스, 마무리로 분류한다.

글 하나를 여러 등분해서 짧게 적어보면 글의 전체 구조가 한눈에 들어온다. 어느 부분에 메시지가 들어 있는지, 그 메시지를 뒷받침하는 사례는 어디쯤에 있는지 알 수 있다. '저자가 왜 이렇게 글을 구성했을까?' 생각해보면 더 좋다. 그 글의 설계도면을 마치 내가 그려본 것과 같은 효과가 생긴다.

그렇게 설계도면 하나가 생기면 내가 쓰고 싶은 글을 그대로 대입한다. 남의 글을 베끼는 게 아니냐고? 맞다. 베끼는 거다. 걱정할 건 없다. 글의 틀은 같아도 내용은 완전히 달라진다. 글의 내용과 메시지, 사례가 다르니 같은 글이 나오는 일은 생기지 않는다. 수학 공식이 하나 있을 때, 공식은 그냥 있고 수식에 들어가는 숫자만 달라지면서 전혀 다른 문제가 만들어지는 것과 같다. 신문 칼럼을 보면 거의 같은 구성으로 쓰인 글이 많다. 그렇다고 같은 내용은 아니다. 구성만 같을 뿐 이야기는 서로 전혀 다르다.

훔쳐 온 설계도로 내 글의 내용을 넣고 써본다. 똑같은 구성은 아니어도 비슷하게는 된다. 그렇게 쓴 글이 마음에 든다면 같은 방식으로 반복한다. 나의 틀을 하나씩 만들어가는 과정이다. 틀이 갖춰지면 나만의 설계도면이 하나 생긴다. 남의 것을 가져왔지만 나의 것으로 재창조한 설계도. 설계도면을 세 개 정도만 가지고 있어도 글쓰기가 훨씬 수월해진다. 도면이 하나씩 늘어나면 더 다양한 설계도를 가질 수 있다. 도면은 글을 쓰는 사람의 무기다. 글 쓰는 무기는 종류별로 많을수록 좋다.

글 쓰는 사람의 생각법

TV로 영화를 보고 있었다. 2차 세계대전의 격렬한 전투가 하늘에서 펼쳐지고 있다. 전투기끼리 쫓고 쫓기는 긴박한 상황이다. 어디선가 기관총이 발사되고 전투기가 연기를 뿜으며 추락한다. "오!" 같이 보던 누군가가 우리 편이 이겼다는 탄성을 뱉는다. 그때 다른 쪽에서 "저 비행기에는 누가 타고 있을까?" 하는 소리가 들렸다. 전혀 다른 생각은 아군과 적군의 경계를 무너뜨렸다. 전쟁 이야기는 순식간에 인간의 이야기로 화두가 바뀌었다.

글을 쓸 때는 생각의 보폭을 조금 더 크게 벌려보자. 한 발 더 나아가는 생각이 필요하다. 대부분은 눈앞에 보이는 상황에 머문다. 생각의 발이 멈추는 일반적인 지점이다. 그 지점을 넘어 조금만 더 나아가면 깊은 사유가 가능해진다. 누구나 떠올리는 생각에 머물지 않고 한 발 더 나아가는 생각법은 글의 메시지를 기발하고 깊이 있게 만든다.

한 발 더 나아가는 생각법은 그리 대단하지 않다. 글재주가 뛰어난 사람, 멋진 글을 쓰는 사람만 가능한 게 아니다. 글을 쓰고자 하는 누구나 가능하다.

중요한 건 다르게 생각하기다. "삐뚤어질 거야!" 같은 비행 청소년이 하는 소리가 아니다. 글 쓰는 사람은 삐뚤어져야 한다. 남들은 하지 않는 생각, 다른 생각을 할 줄 알아야 한다. '자다가 봉창 두드리기'를 신념으로 삼아야 한다. 얼토당토않은 이야기를 하듯 말 같지 않은 생각이 필요하다. 화성에 탐사선을 보낸다는 기사를 보고 감탄으로 끝내면 싱겁다. '화성에서 남은 삶을 살아볼까' 하는 뚱딴지 같은 생각도 해봐야 한다.

거꾸로 생각하기도 글쓰기에 많은 도움을 준다. 고정관념에서 벗어나는 게 거꾸로 생각하기다. 고정관념과 반대로 생각하는 건 의외로 힘들다. '직원들은 회사를 위해 열심히 일해야 한다'는 거부하기 힘든 관념이다. 진짜 그럴까? 회사의 필요 때문에 사람을 고용하는 게 아니라, 사람에게 필요해서 회사가 존재하는 건 아닐까? "힘들이지 않고 편하게 일해야 한다. 몸도 마음도 편하게 일하고 생계유지가 충분한 월급을 당연히 받아야 한다. 사람이 살아가는 데 필요해서 회사가 존재하기 때문이다." 이런 소리 했다가 이상한 눈빛을 받은 적이 있다. '뭐야 이건.' 세상일을 거꾸로 생각하면 여태까지 보지 못했던 세상이 열린다. 그 새로운 세상이 글의 콘텐츠를 풍부하게 만든다.

장영희 교수의 에세이 〈하필이면〉은 다르게 생각하기, 거꾸로 생각하기가 어떤 것인지 잘 보여준다. 그는 남들은 큰 노력 없이도 잘 사는데 자기는 기를 써도 되는 일이 없다고 여긴다. 왜 '하필이면' 내 인생은 이 모양인가 생각한다. 큰돈을 벌지도 못하고 장애까지 있으니 '하필이면'이라는 말이 크게 틀린 것 같지도 않다. 피할 수 없는 우울함에 빠져 있던 그는 어느 날 초등생 조카의 '하필이면'을 듣고 새로운 빛을 발견한다. 조카는 인형을 선물받고 좋아서 이렇게 말한다. "왜 하필이면 내게 주는데?" 말이 서툰 아이가 잘못 사용한 한마디는 생각의 반전을 가져온다. '하필이면 내가 밥을 굶지 않는구나', '하필이면 나에겐 좋은 가족이 많구나' 하는 생각 말이다. 그리고 학생들과 놀러 가는 날, '하필이면 날씨가 유난히 좋다'는 말로 글은 끝맺는다. 일이 잘못되거나 마땅치 않게 진행될 때 쓰는 말이 '하필이면'이다. 장영희 교수는 그 말을 뒤집어서 반대로 해석했다. '하필이면 내 인생이 이런가'에서, '하필이면 내 인생은 왜 이렇게 행복한가'로 다르게 생각하고 뒤집었다. 한 단어에 대한 생각을 뒤집었더니 누구나 공감하는 좋은 글을 쓸 수 있었다.

길을 가다 구급차를 보게 될 때가 있다. 요란한 소리를 울리며 질주하는 그 차 안에는 목숨이 위태로운 사람이 타고 있을 가능성이 높다. 달리는 구급차를 보면 가끔 이런 생각이 든다. '저 사람은 목숨을 구할 수 있을까. 내일 아침을 맞을 수 있을까? 점심에는 무얼 먹었을까. 누구와 먹었을까? 다시 맛있는 음식을 먹을 수 있을까?'

생각은 그 지점에서 한 발을 더 내달린다. '구급차 안에 있는 사람이 나라면. 내 인생은 이렇게 끝나는 걸까. 지금까지의 내 인생은 어떤 말로 규정할 수 있을까.' 한 발을 더 내딛으면 한 꼭지의 글이 튀어나온다. 가끔은 '지금 내가 이렇게 살아도 괜찮은가' 하는 생각도 던져준다. '구급차가 급하게 달리는구나'에서 멈추지 말고, '구급차에 내가 실려 있다'고 생각하고 글을 한 편 써보자.

생각은 우물이다. 채우지 않으면 길어 올릴 물이 없다. 맑은 물을 들여보내지 않으면 탁한 물이 가득해진다. 생각의 우물을 채우는 것도 맑은 물을 공급하는 것도 나만이 할 수 있는 일이다. 내 머리에 생각이 없는 게 아니다. 내가 글을 쓸 줄 모르는 게 아니다. 글로 써볼 생각을 하지 않은 것뿐이다.

4장 좋은 문장, 좋은 글, 좋은 표현은?

글 쓰는 사람의 독서법

글이 안 써지면 가끔 갈림길에 선다. '책을 한 권 사볼까? 맛있는 커피를 마실까?' 책을 사지 않고 그 돈으로 커피를 마시면 글이 잘 풀려나올 것 같다. 그런데 그 느낌은 느낌만으로 끝날 때가 더 많다. 글은 여전히 안 써지고 맛있는 커피 한 잔 마신 것으로 만족하고 만다. 커피 대신에 책을 사보면 어떨까? 글을 몇 꼭지 쓸 수 있지 않을까? 맞다. 책을 사서 읽고 글을 쓴 뒤에 기분 좋게 커피를 마시는 게 더 만족스럽다. 글을 쓰고 싶으면 책을 먼저 읽어야 한다.

물론 커피도 필요하다. 그러나 글쓰기에 필요한 건 커피가 아닌 책에 들어 있다. 글을 쓰겠다고 마음먹으면 먼저 정하는 게 글감이다. '그게 뭐 어려워서' 한다면 글을 안 써본 사람일

확률이 높다. 글감을 찾지 못해 글을 쓰지 못하는 사람들이 꽤 있다. 무얼 써야 할지 감을 잡지 못한다. 평소에 글의 주제를 구상하고 있어도 글감은 잘 떠오르지 않는다. 그럴 때 좋은 방법은 쓰고 싶은 내용이 담긴 책을 읽어보는 것이다. 같은 주제에 관한 수많은 사례를 읽어보면 내가 놓치고 있는 소재를 찾을 수 있다. 글감 구하는 법을 알 수 있을 뿐만 아니라 주변에 있는데 놓치고 있던 글감을 찾는 눈이 생긴다.

글은 생각을 쓰는 일이기에 생각의 확장이 없으면 잘 써지지 않는다. 극히 일반적이고 상식적인 내용에서 글이 멈추고 만다. 거기서 더 들어가면 글은 달라진다. 한 발을 더 들어가게 만드는 건 생각의 확장이다. 사람은 자기 경험에서 생각을 만들고 그 생각을 바탕으로 살아간다. 살아가면서 더 이상의 자극과 배움이 없다면 생각은 굳어버린다. 생각의 변비다. 생각의 변비는 글 쓰는 사람에게 치명적이다. 생각의 변비를 풀어내는 건 독서다. 내 생각과 전혀 다른 책, 내 관점에서 상상하기 힘든 책을 읽는다. 다양한 생각과 관점을 내 생각과 섞으면 굳은 머리가 풀린다. 머리가 풀리면 글도 풀린다. 독서가 필요한 이유다.

글 쓰는 사람의 독서법이 따로 있을 리 없지만 글쓰기에 도움이 되는 독서법은 있다. 그중 하나는 발췌 독서다.

발췌 독서는 글쓰기에 필요한 걸 얻는 게 목적이다. 내 글에 인용했을 때 글맛 살려줄 문장을 발견하면 꼭 표시하거나 따로 적어놓는다. 앞에서 말한 문장 창고다. 남의 문장으로 내 글의 품격을 높이는 효과가 있다. 책 속 문장을 그대로 가져오는(그대로 가져올 때 출처를 표기하는 것은 가장 기본적이고 중요한 예의다) 게 내키지 않으면 변형해도 된다. 내 글에 대입해서 나의 언어로 나의 문장을 만든다. 형식은 비슷해도 담긴 내용이 달라지면 문장은 완전히 변한다.

또 하나는 집중 독서다. 쓰려는 글의 주제에 관한 책을 모아서 읽는 독서법이다. 현대 경영학의 아버지로 불리는 피터 드러커는 3년마다 하나의 주제를 정해 관련 책을 집중적으로 읽었다. 그가 선택한 주제는 경제학, 역사, 미술, 통계학 등 다양했다. 그는 자기만의 독서법으로 수십 개 분야의 전문지식을 쌓았고 평생 수십 권의 책을 출간했다.

집중 독서에서는 지식을 얻는다. 무언가를 쓰려고 할 때 부딪히는 현실의 벽은 지식이다. 어느 날 나무에 꽂혀 글을 쓴다고 해보자. 나무에 대해 아는 게 얼마나 될까? 전공자가 아닌 도시에 사는 평범한 회사원이라면 이름을 아는 나무조차 드물다. 아는 게 없으면 쓸 수 없다. A4 몇 장도 채우지 못한다. 어떤 글이든 마찬가지다. 쓰려는 주제에 관한 지식이 어느 정도 있어야 한다. 독서가 이를 채워준다. 관련 도서 100권을 읽는다면? 쓸 이야기가 샘물처럼 솟는다. 지식이 생기면 글의 수준이 달라진다.

특정한 주제에 관한 글쓰기 또는 책 쓰기를 할 때는 생각과 문장만으로 완성할 수 없다. 책 쓰기는 특히 자료가 중요하다. 자료가 있고 없고의 차이에서 책의 질과 집필 시간이 결정된다. 책을 쓰기 시작하면서 자료를 모은다면 제아무리 귀신이라 해도 원고를 끝내지 못할 수 있다. 자료를 미리 모으고 이 정도면 충분하겠다는 판단이 들 때 책을 쓰면 오래 걸리지 않는다. 모든 준비가 끝났으니 글쓰기에 속도가 붙고 질도 좋아진다. 이런 자료의 취합은 집중 독서로 가능하다.

궁금 독서는 책을 분석하는 독서다. 일단 베스트셀러를 본다. 완독은 안 해도 책 내용은 살핀다. 어떤 책인지, 왜 팔리는지 자기 눈으로 분석해본다. 대중은 어떤 글에 관심이 있고 시장의 흐름이 어디로 향하는지 알 수 있다.

평소에 읽고 싶었던 책도 궁금 독서법을 활용한다. 책을 읽고 나면 이 책은 어떤 메시지를 주고 있는지 짚어본다. 메시지를 알기 어렵다면 왜 메시지가 명확하게 드러나지 않는지 분석해본다. 두드러지는 이유가 있으면 내 글에서는 같은 실수를 하지 않겠다는 거울로 삼는다.

잘 읽히는 책, 읽기 쉬우면서 메시지가 잘 전달되는 책이 있으면 따로 모아놓는다. 시간이 날 때 왜 잘 읽히는지를 분석해본다. 쉽고 잘 읽히는 책들은 나름의 공통점이 있다. 문장의 배열이나 문장의 길이도 중요한 요소다. 메시지의 단순함이나 복잡함, 어떤 어휘를 사용했느냐도 영향을 미친다. 논리의 연결구조도 자세히 볼 필요가 있다.

궁금 독서의 목적은 내가 쓰는 글에 대입하기다. 장점은 따라가고 단점은 피해가기. 책과 글에 관한 데이터베이스를 만들어 내 글에서 똑같은 실수를 반복하지 않는 게 목적이다.

글쓰기와 책 쓰기의 시작과 끝은 책이다. 어쩔 수 없는 일이다. 잘 쓰고 싶으면 많이 읽어야 한다. 책 속에 길은 없을지 몰라도 글쓰기의 답은 들어 있다.

역피라미드 글쓰기

한 편의 글을 쓸 때 일반적으로 활용하는 구조는 기승전결(起承轉結) 방식이다. 기승전결은 글쓰기 작법을 지배하는 강력하면서 가장 오래된 틀이다. 장점이 많으니 변함없는 사랑을 받는다. 기승전결은 한시(漢詩)를 지을 때 사용하던 방식이다. '기'는 글을 시작하면서 시상을 일으키는 부분이고, '승'은 시상을 이어받아서 펼치는 단계다. '전'에서 글의 흐름을 새롭게 전환하고, '결'에서는 결론을 내리면서 마무리 짓는다. 기승전결은 일반적인 글쓰기는 물론이고 극본이나 시나리오를 만들 때도 쓰인다. 긴 세월 동안 효과가 입증된 방식이다.

기승전결 구조는 전통의 강자이지만 틀이 고정돼 신선함

이 떨어진다. 항상 비슷한 구성인 기승전결 글쓰기를 뒤집어보면 어떨까? 결론을 맨 앞으로 옮겨보는 거다. '농작물이 잘되려면 겨울은 추워야 한다.' '건강하려면 운동해야 한다.' 처음에 결론을 던져놓고 글을 시작한다. 두괄식이라고 부르는 글쓰기 방식이다. 흔하지는 않지만 희귀하지도 않다. 두괄식 글쓰기는 주로 신문기사에 많이 쓰인다. 뉴스를 전하는 신문기사는 처음 첫 줄이나 둘째 줄에 주요 내용을 모두 담는다. 다음 줄부터는 첫 줄 내용을 설명하고 풀어가고 보충한다.

이를 '역피라미드' 방식이라고 한다. 피라미드 방식은 기존 글쓰기 방식인 기승전결 구조다. 서두로 시작하고 내용을 전개하고 전환이 있고 결론을 제시한다. 역피라미드 글쓰기는 결론을 제일 먼저 쓴다.

역피라미드 방식은 메시지를 단번에 전달하는 장점이 있다. 필자가 무얼 말하고자 하는지 빠르게 알 수 있다. 결론을 먼저 제시하면서 글에 집중하도록 유도하는 효과도 있다. 독자가 흥미를 갖는 내용이라면 자연스럽게 끝까지 읽도록 끌어들인다. 첫 줄에서 중요한 메시지를 전달하므로 더 읽지 않아도 글이 전하고자 하는 정보를 대부분 얻을 수 있다.

신문기사를 역피라미드로 쓰는 건 지면의 특성 때문이다.

신문 한 면에는 대여섯 건의 기사가 실린다. 한 면에 원고지로 25매 분량의 기사가 실린다고 가정할 때, 모든 기사를 다 합치면 25매를 넘기는 경우가 많다. 전부 실리지 못한다. 어느 기사든 편집 과정에서 일부분을 삭제해야 한다. 어느 부분을 삭제할까? 일반적으로는 뒷부분부터 뺀다. 심할 때는 기사의 절반 이상이 날아갈 때도 있다. 그래서 첫 부분에 중요한 내용을 모두 전하는 형태의 글쓰기가 됐다. 물론 천편일률적으로 역피라미드 방식을 쓰지는 않는다. 기사의 성격과 형태에 따라 작법은 달라진다.

요즘은 웹의 시대다. 수많은 글이 웹이라는 공간에서 쓰인다. 무궁무진한 독자와 만날 기회가 열려 있는 곳이 웹이다. 역피라미드 글쓰기는 웹의 시대에 적합한 방식이다. 웹에서는 특별한 경우가 아니면 긴 글을 읽지 않는다. 딱 필요한 것만 취하고 지나간다. SNS에서는 갈수록 짧은 글로 소통하고 일부에서는 글이 아닌 사진으로 모든 걸 대신한다. 최근에는 책도 내용이 짧아야 베스트셀러가 된다. 빠르게 읽고 지나치는 게 요즘 독자들의 트렌드다. 그런 까닭에 웹에서는 초반에 메시지를 제공하는 글이 잘 읽힌다. 역피라미드 글쓰기는 웹에서 잘 통하는 구조다.

기승전결로 구성된 글은 탄탄하다. 많은 사람이 오랫동안 활용한다는 건 그만큼 좋은 방식이라는 증거다. 그러나 매일 같은 음식을 먹으면 질릴 수 있다. 가끔 신선한 시도를 해보고 싶을 땐 역피라미드 방식으로 써보는 건 어떨까? 잘 안 써질 수도 있다. 글쓰기는 자기에게 잘 맞는 스타일이 따로 있으니까. 그렇다고 걱정할 건 없다. 다시 돌아오면 된다. 우리에겐 기승전결이라는 좋은 작법이 있으니까.

글의 설계도 만들기

글의 종류에 따라 다르겠지만 한 꼭지는 A4 용지로 한 장에서 두 장 정도의 분량이 적당하다. A4 한 장은 200자 원고지로 7~9매 정도다. 신문 칼럼이 대략 그 정도 분량이다. 너무 길지 않아서 읽기에 적당하고, 쓰는 사람도 하고 싶은 말을 충분히 할 수 있는 양이다.

A4 한 장이라면 사실 그리 많은 분량은 아니다.

그런데 막상 쓰기 시작하면 그 한 장을 메운다는 게 악몽 같을 때가 있다. 컴퓨터를 켜고 자신 있게 써내려간다. 꽤 쓴 것 같은데 보면 두세 줄이다. 다시 몇 줄을 쓰고 나면 곧바로 변비 증상이 생긴다. 다음 문장에서 꽉 막혀 글이 이어질 기미가 없다. 힘겹게 끌어가보지만 어느 순간 멍해진다. '이 넓은 종이를 언제 채우나' 하는 생각에 한숨이 나온다. 억지로 쓰다 보면 반 장 정도는 채워진다. 그 정도 분량으로 기뻐하는 것도 잠시다. 다시 읽어보면 횡설수설이다. 글쓰기 참 어렵다.

글을 쓸 때마다 막막하다면 설계도를 그려보면 많은 도움이 된다. 집을 지을 때 대충 눈짐작으로 짓는 것과 설계도를 보면서 짓는 건 큰 차이가 있다. 설계도가 있으면 수월하고 실수가 없다. 짓는다는 점에서 글과 집은 비슷하다. 짓는 방식도 비슷한 점이 있다. 설계도를 그리고 그대로 따라가면 조금은 쉽고 덜 막막하다. 물론 처음부터 일필휘지로 글을 써 내려가는 사람도 있다. 드문 경우다. 대부분은 머리를 싸매고 힘들어한다.

글쓰기가 잘 풀리지 않으면 집을 짓듯 먼저 설계도를 그려보자. 대단한 설계도가 아니다. 간략한 구상을 정리해본다는 생각으로 그린다. 글의 시작은 어떻게 할지, 마무리 문장은 어떤 것으로 할지, 중요 메시지를 어느 부분에 담을지 먼저 생각해본다. 설계도는 글을 쓸 때 중요한 역할을 한다. 글이 나아갈 방향을 알려주고 글이 의도했던 방향에서 벗어나려 할 때 중심을 잡아준다.

어떤 작가는 첫 문장이 생각나지 않으면 쓰지 않는다고 한다. 또 어떤 작가는 서두에 넣을 내용과 마무리 문장이 정해져야 글을 시작한다. 소설을 쓸 때 그림을 먼저 그리는 소설가도 있다. 그림으로 소설의 얼개를 짜서 큰 틀을 만든다. 한눈에 전체 흐름을 알 수 있게 시각화하는 작업이다.

설계도가 있다고 계획한 대로 글이 써지지는 않는다. 글은 살아 있는 생물과 비슷해서 쓰는 사람의 의도와 다르게 이리 튀고 저리 달아난다. 처음 생각한 것과 완전히 다른 방향으로 전개되기도 한다. 그래도 설계도가 있으면 전체를 조망하면서 글을 끌어가기가 수월하다. 부분 부분을 설계도대로 조금씩 채워나가다 보면 어느새 글 한 편이 완성되는 기쁨을 맛볼 수 있다.

'글이라는 게 내키는 대로 쓰면 되지 무슨 설계도까지 필요하냐'고 물을 수 있다. 글에 자신이 있으면 설계도가 필수요소는 아니다. 그냥 써도 된다. 할 말이 머릿속에 쌓여 있으면 쓰기 시작하자마자 글이 쏟아져 나올 수 있다. 그런 때는 설계도가 필요하지 않다. 그렇지 않다면 설계도를 만드는 게 논리적이고 흐름이 자연스러운 글쓰기에 도움이 된다.

설계도를 만들다 보면 글을 어떻게 구성해야 할지 그림이 나온다. 메시지를 배치해야 할 곳들이 눈에 잘 보인다. 글 전체 구성을 보는 눈과 감각이 길러진다. 글 한 편을 쓸 때도 간단한 설계도를 그리면 좋다. 간단한 설계도 하나가 글쓰기를 한결 쉽게 만들어준다. 글을 쓸 때도 책을 기획할 때도 이렇게 시작하면 어떨까. "그림 한 번 그려볼까?"

5장

보고 또 봐야
잘 읽힌다

퇴고는 꼭 해야 할까?

중국 당나라 때 가도(賈島)라는 시인이 있었다. 어느 날 나귀를 타고 가는데 좋은 시상이 떠올랐다. 급하게 시를 완성했는데 아주 만족스러웠다. 그런데 한 가지, 마지막 줄이 마음에 걸렸다. '승고월하문(僧敲月下門), 스님은 달 아래 고요히 문을 두드리는구나'에서 '밀다'라는 의미의 고(敲)가 나을지, 두드린다는 뜻의 퇴(推)가 나을지 결정하기 어려웠다. 어느 글자가 시의 맛을 살리는지 허공에 대고 손으로 밀어보기도 하고 두들겨보기도 하면서 고민에 고민을 거듭하고 있었다.

그러다가 자기도 모르게 고관의 마차를 가로막고 말았다. 고관은 유명한 시인 한유(韓愈)였다. 한유는 당송시대 문장가를 일컫는 당송팔대가 중 한 사람이다. 가도의 사연을 들은 한유는 웃으며 '고'로 하는 게 낫겠다고 말해준다. 이 인연으

207

로 두 사람은 친구가 되었다고 한다. 퇴고(推敲)는 이런 고사에서 생겨난 말이다. 말 그대로는 '두드릴까, 밀까'를 뜻하고, 글을 쓸 때 잘 어울리게 다듬고 고치는 일을 의미하는 단어가 되었다.

　글을 쓰고 나서 다듬고 고치고 뜯고 수리하는 퇴고를 꼭 해야 할까? 해야 한다. 세상에는 글을 잘 쓰는 사람이 많다. 많은 사람이 인정하는 문장가는 펜을 들어 쓰기 시작하면 감탄할 만한 문장이 바로 줄줄 나올까? 그렇지 않다. 초고는 누구나 거칠다. 문장도 엉망이고 만족스럽지 않다. 누가 '내 글은 처음부터 그대로 고칠 게 없었다'라고 말하더라도 부러워하지 마시라. 분명히 거짓말일 테니까. 그것도 희대의 거짓말이다.

　세상에 글을 잘 쓰는 사람은 없다. 글을 잘 고치는 사람이 있을 뿐이다. "모든 초고는 쓰레기다." 노벨문학상을 받은 세계적 작가 헤밍웨이의 말이다. 이 말에는 당연히 그의 작품도 해당한다. 자기의 사례를 말한 것이니까. 헤밍웨이는 《노인과 바다》를 수십 번 고쳐 썼다고 한다. 처음부터 명작이 탄생한 게 아니라 고쳐 쓰면서 명작이 만들어졌다.

　고쳐 쓰기 과정을 거치지 않는 작가는 없다. 우리나라의 유명한 소설가 중에도 이렇게 말하는 사람이 있다. "내 초고에는 제대로 된 문장이 하나도 없다." 과장된 표현이기는 하지만 거짓말은 아닐 것이다. 일단 되는 대로 틀을 잡아놓고 그 틀을 바탕으로 다시 쓴다고 한다. 처음 틀을 잡을 때는 곳곳에 비문은 물론이고 제대로 된 문장이 드물 정도라고 말한다.

혹시 자기가 쓴 글이 부끄러운가? 글을 쓰고 난 뒤에 다시 읽어보면 실망스러운가? 실망하지 않아도 된다. 당연한 일이다. 초고만 비교해본다면 우리가 헤밍웨이보다 더 잘 썼을 수도 있다. 승부는 초고가 아니라 퇴고에서 결정된다.

글이 잘 써지지 않는다면 억지로 잘 쓰려 애쓰지 않아도 된다. 일단 써놓고 퇴고에서 잘 만들어내는 방법이 있다. 만든다는 건 잘못된 부분을, 이상한 구성을, 어울리지 않는 단어를, 어색한 연결을 매끄럽게 고치는 걸 말한다. 쓰레기였던 초고가 세상의 칭송을 받는 명문장으로 변한다. 초고와 마지막 원고는 과연 같은 글일까 싶을 정도로 달라질 수 있다. 그 변화를 만들어내는 게 퇴고다. 퇴고는 마술과도 같다. '나는 퇴고를 하지 않는다'라고 말한다면 '나는 글을 잘 쓰지 못한다'고 말하는 것과 같다. 글을 잘 쓰고 싶은 마음이 없다는 말과도 다르지 않다. 글을 잘 쓰고 싶다면서, 책을 쓰고 싶다면서, 퇴고를 안 한다면 어떻게 될까? 아무리 많은 시간이 지나도 글을 잘 쓰지 못한다. 아무리 많은 원고를 써도 책을 내지 못한다. 글을 쓰는 사람에게 퇴고는 선택이 아니라 필수다.

퇴고하는 눈을 밝게 하려면

가끔 친구 몇이 어울려 당구를 치러 간다. 고수급 실력인 친구도 있고, 초보 수준인 친구도 있다. 실력 차이가 많이 나면 잘 치지 못하는 친구는 구경만 한다. 한참 당구를 치고 있는데 옆에서 지켜보던 초보가 한 마디 한다. "이건 이쪽으로 치면 돼." 초보가 고수에게 훈수 아닌 훈수를 둔다. 그런데 실제로 그렇게 치면 잘 맞는다. 신기한 일이다. 다들 놀라면 으쓱하며 말한다. "내가 눈 당구는 300이거든." 300은 아마추어에서는 엄청난 수준이다. '눈 당구 300'은 실제로는 잘 치지 못해도 보는 눈은 고수라는 농담이다. 당구에서 중요한 건 각이다. 공을 쳐서 삼각형처럼 연결되는 각을 아는 게 실력이다. 공이 가는 길을 볼 줄 아는 눈. 그 눈이 실력을 가른다.

웬 당구 얘기일까? 뜬금없기는 하다. 당구에서 각과 길을 보는 눈이 중요한 것처럼 글쓰기에도 그런 눈이 필요하다. 바로 퇴고할 때 말이다. 퇴고는 글을 더 나아지게 고치는 작업이다. 고치려면 눈이 있어야 한다. 무엇이 틀렸는지 알아보는 눈이 있어야 하고, 전체 구성에 어떤 문제가 있는지 알아보는 눈도 필요하다. 틀린 문장을 보면서도 그냥 넘어간다면 퇴고가 제대로 될 리 없다. 논리가 맞지 않는 내용을 골라내지 못하면 그것 역시 문제다. 잘못된 걸 골라내는 눈이 없다면 퇴고는 힘들다. 문장을 수정했는데 달라진 게 없다면 둘 중 하나다. 아주 잘 쓴 글이거나 퇴고를 할 수 있는 눈이 없거나.

퇴고하는 눈이 밝아진다는 건 글쓰기 실력이 좋아진다는 의미다. 어느 부분이 잘못되었는지 알고, 그 부분을 고쳐서 더 나은 글로 만들 줄 알면, 그게 글쓰기 실력이다. 많은 사람이 자기 글을 마음에 들어 하지 않는다. 뭔가 어색한 부분이 이곳저곳에 있다는 걸 안다. 그런데 왜 문제인지, 어떻게 잘못되었는지는 알지 못한다. 알지 못하니 어디를 어떻게 고쳐야 할지 잘 모른다. 글쓰기 실력이 늘지 않는 이유다. 글을 보는 눈이 열리면 예전에 몰랐던 길이 열린다. 자기의 글을 물고 뜯고 씹으면서 마음에 들게 고칠 수 있는 눈을 키워야 한다.

'눈 당구 300'이 되려면 당구장에서 고수가 치는 걸 자주 지켜보고 익히는 게 가장 빠르다. 그렇게 눈으로 익힌 것들은 연습을 거치고 나면 실전에서 바로 써먹을 수 있다. 글을 보는 눈을 키우는 데는 책 읽기가 가장 좋다. 책을 읽으며 문장 구성을 익히고 내용의 논리가 어떻게 연결되는지 유심히 보면 도움이 된다. 어려운 책을 읽을 필요는 없다. 쉽게 잘 쓴 책들이 얼마든지 많다.

문장 보는 눈을 기르려면 에세이나 소설을 읽는 게 좋다. 술술 읽히면서 메시지를 잘 전달하는 에세이는 문장을 익히기에 적합한 글이다. 수백 쪽이 넘는 분량을 한 가지 이야기로 끌어가는 소설에서는 다양한 문장의 향연이 펼쳐진다. 평이하게 사용하는 문장들과는 전혀 다른 접근법을 보여준다. 문장을 가지고 노는 기술을 엿볼 수 있다.

글의 논리가 탄탄해지는 구성을 익히려면 사회 관련 이슈나 사회과학 문제를 다룬 책이 좋다. 팩트와 주장을 내놓고 그에 대한 근거를 잘 보여준다. 그런 책들이 딱딱해서 싫다면 신문 칼럼을 활용하는 방법이 있다. 잘 쓴 신문 칼럼은 제한된 분량 속에서 전하고 싶은 메시지를 던지고, 자신의 주장을 논리적으로 증명한다.

글을 다르게 써보는 방법도 글 보는 눈을 키워준다. 주어를 중간이나 뒤로 빼서 써보거나, 서술어의 위치를 바꾸어서 문장을 작성해본다. 품사 위치가 변하면 글맛이 크게 달라지는 걸 알 수 있다. 똑같은 어휘라도 어디에 놓이느냐에 따라 글의 느낌이 확 달라진다. 마음에 들지 않는 문장을 다르게 써보는 연습을 하면 문장 구성 능력이 향상된다.

어느 한 가지만으로 글 보는 눈이 갑자기 좋아지지는 않는다. 짧은 시간에 글 실력이 늘지도 않는다. 읽기와 쓰기가 합쳐져서 오케스트라 같은 화음이 생길 때 글을 제대로 보는 눈이 생긴다. 연습에 연습을 거듭했을 때 어느 순간 글 보는 눈이 밝아진다. 그때까지 할 일은 특별한 게 없다. 읽고 쓰고 읽고 쓰고 하는 것뿐. 습관처럼 읽고 쓰노라면 그 순간이 생각보다 빨리 온다.

키울 건 키우고, 줄일 건 줄이고, 버릴 건 버리고

"PR의 뜻이 뭔지 알아?" "홍보하는 게 PR 아냐?" "아니지. 피할 건 피하고 알릴 건 알리는 거야." 농담으로 주고받던 이야기다. PR의 진짜 뜻은 뭘까? '불특정 다수의 일반 대중을 대상으로 이미지 개선이나 제품의 홍보 등을 주목적으로 하는 활동'이다. 길게 늘어놓은 진짜 뜻은 읽어도 이해가 좀 어렵다. 차라리 '피할 건 피하고 알릴 건 알리는' 농담 한 마디가 머리에 쏙 들어온다. 정확한 의미 전달력은 농담이 훨씬 앞선다. 조금 더 확대해석을 해보면 이런 뜻이기도 하다. 마케팅을 위해 '키울 건 키우고, 줄일 건 줄이고, 버릴 건 버리는 것'이 PR의 원칙이다.

'키울 건 키우고, 줄일 건 줄이고, 버릴 건 버리는' PR의 원칙은 글쓰기에서도 유용하게 활용할 수 있다. 꼭 필요한 것이기도 하다. 글을 쓸 때는 독자에게 전달할 메시지의 무게중심을 잘 잡는 게 중요하다. 가장 중요한 내용에 가장 많은 비중을 주는 것은 글쓰기의 기본이다. 비중이 적다면 강렬한 메시지를 담아 하고 싶은 이야기가 이것이라는 걸 확실히 알린다. 많은 글이 무게중심 잡기에 실패한다. 독자의 눈길이 부수적인 이야기에 더 쏠리는 경우가 종종 생기는 이유다. A를 이야기하려 썼는데, 독자는 B를 이야기한다고 느낀다. '키울 건 키우고, 줄일 건 줄이고, 버릴 건 버리는' 무게중심 잡기에 실패해서 그렇다.

'루브르 박물관의 고전주의 작품 감상법'에 대해 글을 쓴다고 해보자. 키울 건 무얼까? 루브르 박물관에 어떤 고전주의 작품이 있는지 상세히 적는 게 우선이다. 고전주의에 대한 설명도 있어야 한다. 고전주의 화가는 누구인지 독자에게 소개해야 한다. 고전주의 그림에서 나타나는 선과 색의 특징 또는 특유한 구도 등도 좋은 내용이다. 고전주의를 이해하기 쉽게 해주는 역사적 사실과 미술사조의 흐름을 덧붙이는 것도 좋다. 이렇게 고전주의에 관한 핵심 내용이 '키울 건 키우기'에 들어간다. 글의 주인공이 되어야 할 내용들이다.

루브르 박물관의 역사에 관해 쓰는 건 어떨까. 글을 더 재미있게 해줄 좋은 소재다. 루브르 박물관의 건축에 관한 숨은 이야기나 역사적 장면 등을 담으면 글이 더 재미있어진다. 여기서 중요한 건 루브르 자체에 관한 이야기는 글의 중심이 아니라는 거다. 글은 '루브르 박물관의 고전주의 작품 감상법'이라고 전제하고 시작했다. 루브르 박물관에 관한 내용을 글의 중심자리에 세우면 안 된다. 아무리 재미있는 내용이 있다고 해도 양념으로 그쳐야 한다. 양념이 메인 요리의 자리를 치고 들어오면 그 요리는 망한다. 루브르 박물관의 역사는 '줄일 건 줄이기'에 해당한다. 분량이 너무 많으면 안 된다. 너무 힘을 줘도 안 된다. '줄여야 할 이야기를 너무 늘어놓으면' 독자는 메시지가 무엇인지 헷갈리기 시작한다. 이 글이 '고전주의 작품 감상법'인지 '루브르의 역사'인지 혼란에 빠진다.

루브르 박물관을 나와서 조금 걸어가면 튈르리 공원이 보인다. 맥주 한 캔 들고 천천히 마시면서 앉아 있기 좋다. 루브르 박물관에 가는 사람들이 자주 들르는 명소다. 루브르 박물관 앞에는 센강도 흐른다. 센강 이야기 역시 글의 소재로 매력적이다. 주변 맛집 이야기도 빠지면 섭섭하다. 쓰고 쓰고 또 쓰다 보면 꽤 많은 분량이 나온다.

이쯤에서 잠깐 생각해봐야 한다. '루브르 박물관의 고전주의 작품 감상법'에 이런 내용이 꼭 필요한가? 있어도 좋고 없어도 그만이다. 만약 글의 메시지 전달에 방해가 된다면 과감하게 버려야 한다. '버릴 건 버리기' 대상이다. 이렇게 재미있는 글감을 버리기 아깝다고, 고생하며 썼는데 그럴 수 없다고 생각할지 모른다. 그러나 '버릴 건 버리기'를 제대로 하지 않으면 글 자체가 버려진다.

한 편의 글에도 무게중심이 필요하다. 전해야 할 메시지를 담은 부분에 가장 큰 비중을 부여해야 한다. 무게중심이 잘 잡혀야 메시지에 혼동이 없다. 그래야 읽는 사람도 필자가 무슨 이야기를 하려는지 쉽게 알 수 있다. 잔재미를 위한 내용, 메시지를 뒷받침하는 내용은 장식으로 그쳐야 한다. 케이크를 만들 때 빵은 작게 하고 생크림과 초코과자를 왕창 씌운다면 어떤 케이크가 될까? 아주 우스꽝스러워진다. 무게중심을 제대로 잡지 못하면 글도 그런 케이크 모양이 된다. 알릴 건 알리고, 줄일 건 줄이고, 버릴 건 버려야 한다. 그 구분을 분명히 할 때 글이 살아난다.

죽이는 글쓰기

출판사에서 책을 만드는 편집자들은 수많은 저자를 만난다. 원고를 받고, 글에 관한 이야기를 나누고, 책을 인쇄하기까지 저자와의 만남은 중요한 업무 중 일부분이다. 맡은 일이니 회피할 수 없는데 그에 따른 스트레스도 적지 않다. 어떤저자는 원고에 손대는 걸 극도로 싫어한다고 한다. 심할 때는단 한 글자도 고치지 못하게 하는 저자도 있다. 책 쓰기 수업중에도 이런 말을 들었다. "나중에 책을 낸다면 편집자가 내글에 손대지 못하게 하겠다."

편집자들은 책을 만드는 과정에서 이런저런 수정이 필요하다고 의견을 낸다. 더 좋은 책을 만들기 위해서고 더 많이팔리는 책으로 만들기 위해서다. 그런데 이런 의견들이 무시당해서 저자와 충돌이 생기면 마음고생이 심하다.

저자는 자기가 쓴 글에 애정을 갖는 게 당연하다. 갖은 생각을 끌어내 콘셉트에 맞게 빚는 건 물론이고 숱한 자료 조사를 거친다. 모든 준비가 끝났다고 해도 글 쓰는 시간은 또 얼마나 오래 걸리는가. 그렇게 고생하면서 쓴 글이니 애정이 없다면 그게 더 이상하다. 글자 하나하나가 애틋할 수밖에 없다. 애정은 이해가 되는데, 이 애정이 때로는 문제를 만든다.

책이 출간되면 누구는 자식과 같다고까지 말한다. 사람의 감정 중에 자식에게 향하는 애정보다 크고 깊은 건 없을 듯하다. 자기 글에 대한 애정도 그만큼 맹목적이다. 자식에 대한 애정은 깊을수록 인생의 맛을 살려준다. 그러나 글쓰기에는 지나친 애정이 별로 도움이 되지 않는다. 애정이 깊으면 그 대상에 눈이 먼다. 눈이 멀면 아무것도 보이지 않는다. 연애할 때 상대방의 모든 점이 좋아 보이는 것과 똑같다. 막상 결혼하고 시간이 지나면 '왜 이런 사람과 결혼했나' 싶은 생각이 든다. 연애할 때는 눈이 먼 것이고 결혼한 뒤에 눈이 제 기능을 되찾은 거라고 하면 지나칠까?

자기 글에 대한 사랑이 너무 깊으면 잘못된 점이 보이지 않는다. 지나친 사랑은 냉정한 눈에 커튼을 친다. 글이 더 좋아질 기회를 스스로 빼앗는 꼴이다. 더 나은 글을 쓰고 싶으면 사랑을 버리고 죽음을 택해야 한다. 내 글을 사랑하지 말고 죽여야 한다. 죽일수록 글은 더 좋아진다.

한 편의 글을 완성하면 퇴고를 거친다. 다시 읽어보고 잘못된 부분이 없나 확인하는 과정이다. 글을 퇴고할 때 버려야 할 것은 바로 사랑이다. 사랑하는 마음을 버리고 죽음의 칼을 들어야 한다.

아무리 잘 쓰는 사람의 글도 오자와 비문이 있다. 오류가 그 정도에서 끝난다면 명문장이다. 읽다 보면 또 다른 게 눈에 들어온다. 갑자기 논리적 부조화가 튀어나오고 앞뒤 맞지 않는 문맥도 보인다. 과장된 수식도 있고 문장에 어울리지 않는 표현도 있다. 그렇게 드러나는 모든 걸 죽여야 한다. 인정사정없이 뜯어고쳐야 한다. 그런데 사랑이라는 놈이 슬쩍 고개를 내민다. '이 정도쯤이야.' '세심하게 읽으면 이해하겠지.' '어떻게 쓴 글인데.' 애정이 지나치면 억지가 이성을 이긴다. 괜찮다며 아예 수정을 안 하거나 수정을 해도 누가 봐도 오류인 부분에서 그친다.

퇴고할 때 수정을 꺼리면 글의 질은 나빠진다. 그것도 수준 이하로 나빠진다. 글 쓰는 실력도 늘지 않는다. 퇴고 때 사랑은 독약이다. 이상한 곳이 있다면 가차없이 잘라내야 한다.

조금이라도 마음에 들지 않는 곳은 모두 뜯어서 고치는 게 탁월한 선택이다. 오랜 시간 쓴 글이라도 아니다 싶으면 쓰레기통에 처박아야 한다.

잘못된 부분을 죽이고 죽일수록 글은 오히려 생생하게 고품질로 살아난다. 사랑만으로는 글쓰기가 달라지지 않는다. 손대면 안 되는 옥고란 이 세상에 없다. 모든 글은 오자가 있고 잘못된 문장이 있고 앞뒤 안 맞는 문단이 있다. 잘 모르니까 눈에 보이지 않는 것뿐이다. 퇴고할 땐 내 글과 사랑에 빠지지 말아야 한다. 사랑하는 마음은 지우고 조금이라도 더 죽여야 한다. 퇴고에서의 죽음은 더 나은 글로 부활하는 지름길이다. 쓸 때는 사랑하는 마음이, 퇴고할 때는 냉정한 이성이 필요하다. 숱한 죽음을 거친 글, 그런 글이 정말 죽여준다.

내 글과 이별하라

〈벤허〉는 고전 명작으로 꼽히는 영화다. 1959년에 아카데미상 11개 부문을 휩쓸면서 그 가치를 증명했다. 아카데미 시상식에서 또 하나의 이야깃거리를 만든 건 감독의 수상 소감이다. 감독상을 받은 윌리엄 와일러는 이렇게 외쳤다. "신이시여, 이 영화를 정녕 제가 만들었단 말입니까!" 자기가 만든 명작에 대한 감탄이었으리라.

"신이여, 이 글을 정녕 제가 썼단 말입니까!" 글을 쓰고 나서 이렇게 외치는 사람이 있다. 이 정도는 아니어도 이렇게 생각하는 사람은 있다. "잘 썼네. 내가 썼지만 잘 썼어!" "내가 이런 표현을 했단 말야?" 아무도 없다면 혼잣말을 할지도 모르겠다. 글 쓰는 사람이라면 몇 번쯤 경험했을 수도 있겠다. 자아도취. 하고 싶은 이야기가 머릿속에서 잘 풀려나오는 날이 있다. 신나게 써내려간다. 《삼국지》에서 조자룡이 헌 칼 휘두르듯 파죽지세로 글이 풀려나온다. 이게 웬일일까 하면서 좌~악 써내려간다. 마치 '신이 불러주고 나는 쓰기만 하는 게 아닐까' 하는 그런 생각도 든다. 강력하게 메시지를 표현하고 마지막으로 마침표를 찍는다. 자기가 쓴 글을 다시 읽어본다. '흠~', 감탄이 저절로 나온다.

이 감탄이 착각임을 깨닫기까지는 시간이 필요하다. 내가 쓴 글이 잘 쓴 글인지 아닌지는 당장 그 순간에 이루어지기 힘들다. 글 쓴 직후, 내 글을 스스로 판단하기 어려운 이유가 있다. 일단 글을 쓰면서 마음이 글에 빠져든다. 자기도 모르게 글 내용에 동조하는 것이다. 글을 쓸 때는 이야기하려는 욕망이 솟구쳐 오르기 때문에 쉽게 공감한다. 내 글이 아주 그럴듯해 보인다. 이성적 판단은 약하고 감성적 끌림이 더 강하다. 눈은 현실을 외면하고 뇌는 욕망에 속는다. 쓰면서 나름대로 잘된 글이라고 생각했다면 더더욱 그렇다. 뇌까지 속는 상황이니 판단의 눈이 사라진다. 그런 상태에서는 어떤 글이든 괜찮아 보인다. 그러니 자연스럽게 감탄이 나온다.

사랑에 빠진 사람의 편지가 그렇다. 어두운 밤에 온갖 문학적 표현과 사랑의 감정을 담아 멋들어지게 편지를 쓴다. 새벽이 되도록 뜨겁게 쓰고 다시 읽어본다. 날이 밝으면 이 편지를 보낼 계획이다. 다시 읽어봐도 명문장이다. 세상에 이런 글이 또 있을까 싶을 정도다. 내 사랑에 그녀(그)도 감동하리라. 스스로 감탄하고 쓰러져 잠이 든다.

그렇게 쓴 사랑 편지 중 실제 발송된 편지는 몇 통이나 될까? 아침에 눈 비비고 일어나 다시 읽어보니 이번엔 어떤가. 누가 볼까 두려울 정도다. 낯 뜨거울 정도로 유치하고 형편없는 문장들이 보인다. 자고 일어나니 눈과 뇌가 제자리를 찾은 것이다. 밤새 감탄하던 편지는 쓰레기통으로 날아간다.

내가 쓴 글이 정말 괜찮은지, 오류는 없는지 판단하려면 이별이 특효약이다. 완성한 글은 오래오래 외면해야 한다. 구석에 처박아놓고 묵힌다. 필요한 건 시간이다. 멀리 떨어질수록 퇴고 효과가 좋다. 일주일도 좋고 한 달도 좋다. 내가 이런 글을 쓴 적이 있나 싶을 정도의 시간(1년이라도)이면 더 좋다. 그쯤 되면 내 글을 냉정한 눈으로 다시 볼 수 있다.

스티븐 킹은 《유혹하는 글쓰기》에서 최소 6주는 묵혀두라고 권한다. 6주 동안 내 글과 이별한 뒤에 다시 만나 읽어보라는 말이다. 그때쯤 읽어보면 남의 작품을 읽는 듯한 느낌이 들고 명백한 구멍들이 보이기 시작한다고 말한다. 그 구멍이 트럭이 지나갈 정도로 커도 처음에는 절대 보이지 않는다고 한다. 심지어 석 달이나 일곱 달을 자기가 쓴 글과 떨어져 있으라고 강조한다. 자기 글이 고물상에서 산 골동품처럼 낯설게 보인다면 그때가 객관적으로 바라볼 준비가 된 것이라고 한다.

내 글을 냉정하고 정확하게 판단하려면 글과 이별하는 시간을 가져야 한다. 시간은 길수록 좋다. 긴 시간은 어느 정도가 좋을까? 스티븐 킹의 말대로 몇 달 뒤에나 봐야 하는 걸까? 몇 달을 묵혔다가 볼 수 있다면 좋겠지만 현실적이지는 않다. 글쓰기를 전문으로 하는 사람이 아니라면 그럴 이유도 그 정도의 인내심도 없다. 현실적으로 절충한다면 1주나 2주 정도가 적당하다. 2주면 객관적 시각을 회복하기에 충분하다. 생활 글쓰기나 글쓰기 연습을 한다면 몇 달의 이별 기간이 오히려 글의 흐름을 끊을 수 있다. 글을 쓰고 던져놓고, 또 쓰고 던져놓는 순환 구도를 만드는 게 바람직하다. 일정 시간 뒤에 던져놓은 순서대로 퇴고하는 사이클을 만든다. 나의 눈이 아닌 남의 눈으로 내 글을 볼 수 있을 때, 퇴고 효과가 가장 좋다.

퇴고와 '문장의 재구성'

퇴고 때는 문장의 잘못된 부분을 가장 신경 써서 봐야 한다. 문장의 오류 여부는 글에서 가장 기본적이면서 가장 중요하다. 기본이 제대로 되어 있으면 큰 문제가 없다. 가장 기본은 맞춤법이다. 물론 완벽하게 맞춤법대로 글을 쓸 수는 없다. 하지만 맞춤법이 너무 많이 틀리면 읽는 사람에게 신뢰를 얻기 힘들다. 비문이 없는지도 살펴야 한다. 문장이 성립되지 않는 글이라면 곤란하다. 문장이 길고 복잡해서 독자를 혼란하게 만드는 부분도 수정해야 한다. 글에 인용한 사례나 사람 이름 또는 지명 등이 제대로 맞는지도 반드시 확인해야 한다.

우선 맞춤법을 틀리게 쓴 단어가 없는지 짚어본다. 우리나라 말은 말로 할 때와 맞춤법을 적용했을 때 다른 단어가 제법 많다. '사랑하는 사람을 만나서 설레인다'에서 '설레인다'는 '설렌다'를 잘못 쓴 표현이다. 일상에서 입버릇처럼 쓰던 말이라 전혀 의심이 들지 않는다. 이렇게 일상적으로 쓰이는 단어인데도 맞춤법에 어긋나는 경우가 꽤 많다. 입에서 나오는 대로 편하게 사용하다 굳어진 탓이다. 나이가 좀 있는 사람들은 예전부터 입말에 오르내리던 단어를 글쓰기에도 그대로 사용한다. '지퍼'를 '자꾸'라고 쓰는 게 그런 경우다. 전문가 수준의 맞춤법까지 익힐 필요는 없다. 다만 기본적인 맞춤법조차 지키지 않아 필자의 교양 수준을 의심받는다면 곤란하지 않을까? 조금이라도 헷갈리면 반드시 사전을 찾아보는 습관을 갖자.

오자와 탈자, 띄어쓰기도 봐야 한다. 오자는 말 그대로 잘못된 글자다. 신문기사에 한문을 자주 사용하던 시절에는 오자 하나로 곤욕을 치르기도 했다. 대통령(大統領)을 견통령(犬統領)이라고 쓴 신문이 있었다. 글자 하나 때문에 사장 구속, 책임자 사퇴라는 큰 대가를 치렀다. 일반인의 글에 그 정도로 민감할 내용은 별로 없다. 그래도 방심은 금물이다.

탈자는 글자가 중간에 빠진 경우인데, 탈자가 생기면 전혀 엉뚱한 뜻이 된다. 대통령에서 '통'이 빠져서 대령이 되는 게 그런 경우다. 설마 싶지만 실제로 있었던 일이다. 앞뒤 문맥으로 독자가 알아서 제대로 이해할 수는 있지만 망신도 그런 망신이 없다. 띄어쓰기는 별것 아닌 것처럼 보여도 가끔 위력을 발휘한다. 우스갯소리인 '아버지 가방에 들어가신다'가 좋은 예다. '아버지가 방에 들어가신다'가 띄어쓰기를 잘못하면서 기괴한 문장이 되었다.

비문도 꼭 잡아내야 한다. 문법적으로 오류가 있거나 구성이 잘못된 문장이다. "인간이 살아가는 삶이 고통을 따른다는 것은 필연이다." 이 문장이 전하려는 메시지가 무엇인지는 어림짐작으로 가능하다. 그러나 문장이 제대로 구성되지 않았다. 주어는 찾기 어렵고 목적어는 혼란을 부르고 술어는 주술 관계를 받쳐주지 못하고 있다. 읽기가 혼란스럽다. '인간의 삶에는 고통이 따르는 게 필연이다'처럼 메시지가 단번에 드러나도록 고쳐야 한다. "저주가 바다에서 고통과 죽음이 기다리고 있었다." 이렇게 단어만 늘어놓은 듯한 문장도 비문이다. 읽는 사람을 당황하게 만든다. "저주가 가득 찬 바다에서 고통과 죽음이 기다리고 있었다." 이렇게 문장 중간에 몇 글자만 넣으면 의미를 쉽게 전할 수 있다. '나는 결코 나쁜 일을 하겠다'라고 쓴 글은 어떤가. '결코'라는 말의 뒤에는

'~하지 않겠다'가 와야 제대로 된 문장이다. 비문이 많으면 글을 읽는 사람은 길을 잃어버린다. 메시지 전달력을 뚝 떨어뜨린다. 독자는 도중에 메시지를 놓쳐버린다. 무엇보다 그런 글은 더 이상 읽고 싶어지지 않는다.

산만한 문장을 단순하고 이해하기 쉽게 고치는 것도 퇴고에서 할 일이다. 수많은 문장으로 이루어진 한 편의 글 속에는 잘 쓴 문장도 있지만 그렇지 못한 문장도 있다. 길어서 읽기에 숨찬 문장, 읽다가 숨 쉴 곳이 없는 문장 등이 수정 대상이다. 이런 문장들은 쉼표를 사용해서 숨 쉴 공간을 만들어주어야 한다. 중간을 끊어서 두 개의 문장으로 만들어도 읽기가 편해진다. 한 문장에 여러 가지 의미를 담으려다 보면 초점이 산만해진다. "가난 속에서 흙수저로 자란 40대 두 남자가 곤경을 딛고 영화와 뮤지컬 무대에서 성공신화를 일궜다." 잘못된 건 없지만 너무 많은 내용이 섞여 있다. '가난, 40대, 두 남자, 곤경, 영화, 뮤지컬, 성공신화'가 한 번에 시선을 끌다 보니 초점이 약해졌다. 이렇게 문장을 나누어보자. "가난 속에서 자란 두 남자. 뮤지컬과 영화로 성공신화를 일궜다." 문장을 나누어서 강조하고 싶은 부분을 분산시켰을 뿐 달라진 내용은 없다. 단순한 수정인데 읽기도 편하고 메시지가 더 잘 전달된다.

팩트 체크도 퇴고 때 빠뜨리지 말아야 한다. 창작이라는 이름으로 거짓을 담아서는 안 된다. 작가의 상상력으로 쓰는 픽션이 아니라면 글 속에 담긴 사례, 사람, 장소, 사건의 사실관계를 꼭 확인해야 한다. '아리스토텔레스의 말'이라고 썼는데 '소크라테스의 말'이었다면 거짓말을 한 셈이다. 틀린 인명이나 지명을 아무런 문제의식 없이 글에 담는 건 부끄러운 짓이다.

팩트는 신뢰의 토대다. 팩트가 틀린 글은 거짓말이다. 글을 쓰고 난 다음에는 두려움과 책임감으로 다시 점검해야 한다. 어디서 튀어나올지 모를 부끄러움을 조금이라도 줄이는 게 퇴고다.

퇴고와 '내용의 재구성'

퇴고에서 빠질 수 없는 게 또 있는데, 내용의 재배치다. 글의 내용을 흐름에 따라 자리를 바꾸어 다시 구성해보는 것이다. 글에는 서두가 있고 본문이 있고 결론이 있다. 기승전결이라는 전통 구조에 따른 구성이다. 글의 서두에 적합하다고 쓴 내용은 앞쪽에 놓는 게 가장 좋은 걸까? 당연하다고 여겨지는 구조를 흔들어놓으면 안 될까? 야구는 9명의 타자(투수 빼고)가 뛰는 게임이다. 9명 중 어느 선수를 몇 번째 타순에 배치하느냐에 따라 경기 결과는 엄청나게 달라진다. 선수는 똑같고 단지 출전 순서를 바꾸었을 뿐인데 다른 전력으로 변한다. 글도 그렇다. 어떤 내용을 어디에 놓느냐에 따라 글의 맛도, 메시지 전달력도, 읽는 재미도 완전히 달라진다.

퇴고 때는 '내용의 연결'을 조망해야 한다. 글 전체를 보면서 연결고리를 놓치지 않도록 주의해야 한다. 문단과 문단의 논리적 연결이 매끄러운지도 살핀다. 서두는 도입부 역할을 제대로 하고 있는지, 본론에서는 충분한 설명을 하고 있는지, 결론은 하고 싶은 이야기를 깔끔하고 분명하게 하고 있는지도 봐야 한다. 문단 사이에 메시지의 단절이 있다면 매끄러운 연결 장치가 필요하다. 완충작용을 하는 문장이나 문단을 중간에 끼워넣는다. 쓸 때는 괜찮다고 생각했는데 다시 읽어보니 내용이 이해 안 되는 부분도 있다. 그럴 땐 앞과 뒤 문단에 추가 설명을 덧붙인다. 물 흐르듯 이어지는 글은 문단의 유기적 연결이 좌우한다.

전체적인 글의 연결이 매끄럽지 않다면 '자리 바꾸기'를 해볼 만하다. 결론과 서두의 자리를 바꿔보는 과감한 시도도 망설일 이유가 없다. 결론을 맨 앞으로 꺼내고 서두를 맨 뒤로 보낸다. 그래도 글이 되느냐고? 직접 해보기 전에는 모를 일이다. 퇴고 때는 내용을 어떻게 배치해야 메시지가 잘 전달될까를 고민해야 한다. 필요하다면 '바꾸기'를 망설이지 않아야 한다.

글의 순서를 뒤집는 건 퇴고 때 흔히 벌어지는 일이다. 별 것 아니라고 중간에 숨겼던 부분이 앞으로 치고 나와 주목받기도 하고, 메시지가 완전히 바뀌기도 한다. 구성의 순서나 메시지를 지고지순하게 고집할 필요는 없다. 메시지를 효과적으로 전달할 수 있다면 뒤집기쯤이야 일도 아니다. 베스트셀러 《대통령의 글쓰기》 마지막 꼭지는 원래 그 자리가 아니었다. 퇴고 과정에서 옮겼다고 한다. 그 바꾸기가 '화룡점정'이라는 평가를 받았다는 후문이다.

퇴고는 '빼기'가 더하기보다 훨씬 중요하다. 퇴고할 때의 마음은 열정보다 냉정이 낫다. 열정은 어떤 일에 열렬한 애정을 갖는 마음이다. 좋은 마음가짐이다. 그러나 퇴고할 때는 차가운 마음으로 자신이 쓴 글을 보아야 한다. 필요 없는 내용이라면 냉혹하게 잘라내는 게 우선이다. 다시 강조하지만 더하기가 아니라 '빼기'다.

글을 쓰다 보면 필요 이상으로 많은 내용을 쓸 때가 있다. 아는 것을 자랑하고 싶거나 또는 묘사 능력이 부족해서 늘어놓는 일이 생긴다. 지나치게 늘어놓은 내용은 글의 밀도를 뚝 떨어뜨린다. 촘촘하고 탄탄하게 이어져야 할 글들이 한여름 몸처럼 축 늘어진다. 재미도 없고 지겨운 글이 된다.

글을 쓸 때는 열정 가득한 필자의 마음을, 퇴고할 때는 냉정한 독자의 마음을 가져야 한다. 필요 없는 내용이 눈에 뜨이면 모조리 걷어낸다. 그러다 몇 줄 안 남으면 어떡하느냐고? 다시 쓰는 게 맞다. 몇 줄이면 충분한 내용을 길게 늘어놓았을 뿐이니 알차게 다시 구성하는 게 낫다. 퇴고는 '빼기'의 예술이다. 냉정해야 하고, 아까워하지 말아야 하고, 욕심을 버려야 한다.

블랙리스트가 필요해

블랙리스트는 감시가 필요한 요주의 인물 명단을 지칭한다. '이 사람이 무슨 짓을 할지 몰라. 그러니 잘 살펴봐야 해.' 그래서 감시하려고 작성한 명단이다. 블랙리스트는 일종의 기준이라고도 할 수 있다. 'A씨, C씨, T씨, P씨⋯. 이 사람들한테는 먹을 거 주지 마.' 이런 확실한 기준을 주면 실무자 입장에서는 일하기 편하다. 고민할 것도 없고 기준대로만 하면 간단하니까.

이 블랙리스트는 글 쓰는 사람에게도 필요하다. 어디에 쓰려고? 퇴고할 때! 퇴고는 특별한 생각 없이 시작하는 경우가 많다. '잘못된 건 없는지 다시 한 번 볼까?' 이런 생각으로 원고를 들춘다. 뭘 어떻게 해야 하는지 잘 모르면서 그냥 본다. 그런 상태에서는 큰 효과를 얻기 어렵다. 퇴고에 대한 확실한 기준, 그런 게 있으면 효과가 한결 좋다. 그 기준이 바로 자기만의 블랙리스트다. 다행스럽게도 이 블랙리스트를 만들었다고 잡혀가지는 않는다.

나 스스로 블랙리스트의 필요성을 느낀 건 첫 책이 나온 뒤였다. 책이 출간된 후 한 페이지도 들춰보지 않았다. 처음에는 기쁜 마음에 찬찬히 읽어보고 싶었다. 그런데 웬걸, 막상 책을 집어드니 지겹다는 생각이 먼저 들었다. 쓰고 고치는 과정을 되풀이했고 퇴고를 열 번 정도 했던 원고를 또 봐야 한다니…. 도무지 내키지 않았다. 오자나 탈자 또는 잘못된 곳이 있을지도 모른다는 생각이 들었지만 결국 읽지 않았다.

몇 달이 지나서야 조금씩 읽기 시작했는데 우려가 현실이 됐다. 왜 이렇게 썼나, 왜 이걸 못 봤나 싶은 부분들이 꽤 있었다. 다 읽고 나서 가장 먼저 한 일은 앞으로 글 쓸 때 조심해야 할 리스트를 만드는 거였다. '지나친 수식어 피할 것', '같은 말 반복 금지', '너무 늘어놓지 말 것', '호흡을 조금 빠르게' 등등 나만의 블랙리스트를 작성했다.

블랙리스트를 만드는 목적은 다시는 그렇게 하지 않기 위해서다. 실수를 되풀이하지 않겠다는 다짐이다. 마음을 굳게 먹었으니 그 뒤로는 '나만의 블랙리스트 기준을 철저히 실천

했다', 이렇게 말할 수 있으면 얼마나 좋을까마는 그게 쉽지
는 않았다. 글쓰기도 제각각의 스타일이 있고 잘 안 고쳐진다
는 걸 깨달았을 뿐이다. 블랙리스트를 항상 염두에 두고 글을
쓰곤 했지만 완벽하게 지키지는 못했다. 나도 모르게 예전의
습관으로 돌아가곤 했다. 그래도 조금은 정제해서 글을 쓰고
퇴고할 수 있었다. 블랙리스트의 효과라면 효과였다.

퇴고를 위한 블랙리스트는 개인마다 모두 다르다. 오자가
많이 나오는 사람이 있고, 자기도 모르게 비문을 구사하는 사
람이 있다. 쓰고 나면 두서없는 문장만 남는가 하면, 하고 싶
은 이야기가 무언지 알기 힘든 글도 있다. 중요한 건 자기의
약점이 무엇인지 정확하게 아는 일이다. 약점을 알면 보완할
수 있는 자기만의 블랙리스트를 만들 수 있다. 누구는 다섯
가지, 누구는 열 가지가 넘을 수도 있다. 그렇게 만든 블랙리
스트를 잘 보이는 곳에 딱 붙여놓는다.
리스트를 보면서 글을 쓰고 퇴고를 하면 기대 이상의 효과
를 얻는다. 블랙리스트에 신경을 쏟으면 글 쓰는 자세부터 달
라진다. 쓸 때부터 조심하기 때문에 문장력이 좋아진다. 글쓰
기 실력이 도약한다. 퇴고할 때는 무엇을 중점으로 보아야 하
는지 기준이 생긴다. 정해진 기준대로 따라가는 건 한결 쉽

다. 내가 약한 부분이 무엇인지 알기 때문에 실수를 찾아낼 확률이 커진다. 흠결 없는 글이 만들어지는 믿음직한 토대가 된다. 이렇게 효과적인 나만의 블랙리스트, 하나쯤 만들어보는 건 어떨까?

퇴고는 꼭 출력해서

"책을 써보려는데 해줄 말 없어?" 친구가 물었다. "집에 프린터 있나? 없으면 하나 사." 책을 쓰겠다는데 웬 프린터냐고? 좀 생뚱맞기는 하다. 글을 쓰고 싶다거나 책을 쓰려는 사람에게 꼭 필요한 게 무얼까? 노트북부터 필기도구와 수첩까지 여러 가지가 필요하다. 그중에서 필수장비는 프린터다. 절대 빠뜨리면 안 된다. 프린터가 글을 잘 쓰게 해주느냐고? 프린터가 책을 쓰게 해주느냐고? 그렇다.

퇴고는 다시 읽어보는 일이다. 글을 다시 읽어볼 때 어떤 방법을 사용하는 게 좋을까? 노트북이나 PC 모니터로 보는 사람이 많다. 손쉽고 간편한 방법이다. 그런데 모니터로 글을 읽으면 잘 보일까? 그렇지 않다. 모니터로 긴 글을 읽으면 집중력이 떨어진다. 시선이 한 곳에 집중되지 않고 훑어보는 일이 잦다. 모니터라는 물건이 우리에게 선사한 선물이다. 웹 시대가 열리면서 세심하게 읽기보다 필요한 텍스트나 정보, 영상만 취하는 습관이 몸에 익었다.

모니터로 글을 볼 때는 전체 내용이 입체적으로 느껴지지 않는다. 평면적으로 지금 보고 있는 부분만 훑고 지나간다. 모니터를 오래 보면 눈의 피로도 심해진다. 시간이 갈수록 글씨가 잘 보이지 않는 일도 생긴다. 노안이 온 나이라면 그 증상은 더 심하다. 이미 읽은 부분을 자기도 모르게 다시 읽는 행동도 모니터로 퇴고할 때 자주 겪는 일이다.

퇴고할 글은 전체를 보고 부분을 보고 문장을 보고 단어를 보아야 한다. 때로는 전체를, 때로는 아주 세밀한 부분을 샅샅이 보아야 한다. 훑어 읽기가 몸에 밴 상태인데 모니터로 꼼꼼한 퇴고가 가능할까? 불가능하거나 쉽지 않다.

출판사에서는 책을 발간하기 전에 저자에게 원고(흔히 교정지라고 한다)를 보낸다. 교정을 거치는 과정이고 저자에게 확인을 받는 과정이다. 저자 교정이 끝나면 그 원고는 그대로 책으로 나온다. 저자로서 할 수 있는 마지막 퇴고인 셈이다. 최종 교정 원고를 보내는 방법은 출판사마다 다르다. 책이 인쇄될 모양 그대로 출력해서 보내는 곳도 있고, PDF파일로 보내는 곳도 있다. 일반적으로 출판사에서는 세 번 정도 교정 작업을 하는데, 세 번의 교정지를 모두 보내는 출판사도 있다. 수정이나 교열을 많이 한 원고가 특히 그렇다. 저자에게 원고를 이렇게 교정 보았다고 확인받기 위해서다.

내 경우에는 세 권의 책을 내면서 출간 전에 출력된 교정지를 받았는데 퇴고하기에 좋았다. 책 형태 그대로이니 글 전체를 조망할 수도 있고 앞뒤가 맞지 않는 내용은 다시 돌아가서 확인하기도 쉬웠다. 원고 곳곳에는 편집자의 의견이 적혀 있었다. 종이 여백에 '이 부분은 이렇게 고쳤으면 한다', '이 부분은 빼는 게 좋겠다'고 표시해놓았다. 나 역시 편집자 의견 옆에 '그렇게 고쳤습니다', '빼는 것으로 하지요' 이렇게 답글을 적었다. 퇴고가 끝나면 그 원고를 다시 출판사에 보내는 것으로 최종 작업이 끝난다. 디지털보다 정확한 아날로그의 효용성이다.

종이로 출력해서 퇴고하면 장점이 많다. 종이는 눈부심이 없어서 글이 눈에 잘 들어온다. 집중도 잘된다. 글을 수정하고 싶을 때 다양한 시도가 가능하다. 마음에 안 드는 문장에 줄을 긋고 여백에다 다른 표현을 다양하게 써볼 수 있다. 모니터 수정으로는 불가능한 일이다.

모니터로 퇴고하다가는 원래 문장조차 날려버릴 수 있다. 종이 교정지 퇴고라면 절대 그런 일이 생기지 않는다. 읽은 곳을 또 읽는 실수가 덜 생기는 것도 모니터보다는 단연코 종이다. 내용이 잘 연결되는지, 논리 오류는 없는지 살필 때도 모니터보다는 종이가 더 효과가 좋다. 종이는 앞 페이지와 뒤 페이지를 넘겨보며 내용을 비교하기가 수월하지만 모니터로 보면 한눈에 들어오지 않는다. 때때로 글의 연결이나 논리가 맞지 않아서 앞뒤를 바꾸어야 할 때가 있다. 종이로 보면 글 전체가 보이기 때문에 어느 부분을 어디에 넣어야 적합한지 판단할 수 있다. 모니터로 볼 때는 다르다. 위쪽 아래쪽으로 계속 스크롤을 오르내리며 보아야 하는데 글 전체를 조망하기엔 정말 불편하다. 요즘은 태블릿PC 등을 사용하면서 PDF에 직접 교정 내용을 표시하고 파일을 저장해서 출판사에 보내기도 한다. 편한 세상이다. 택배비도 절약된다. 기계나 프로그램에 익숙한 경우에 그렇다.

글은 써지는 게 아니다. 만들어진다. 퇴고 때 다시 만들어지는 게 글이라고 해도 과언이 아니다. 퇴고는 그만큼 중요한 작업이다. 그래서 퇴고할 때는 반드시 종이에 출력해서 보라고 권한다. 글을 잘 쓰고 싶다면 더더욱 출력해서 퇴고해야 한다.

퇴고는 단순히 글을 수정하고 고치고 오류를 바로잡는 과정이 아니다. 퇴고는 글 실력을 키울 수 있는 최고의 글쓰기 훈련이다. 시험을 치른 뒤 오답노트를 작성하면 성적이 쑥쑥 올라간다. 어떤 문제를 왜 틀렸는지, 어떻게 고쳐야 하는지 알게 되면서 성적이 좋아진다. 퇴고는 말 그대로 글쓰기의 오답노트다.

단 한 편의 글을 수정하더라도 꼭 출력해서 보는 습관을 들여야 한다. 출력한 원고에 펜으로 수정 표시하고, 문장을 옮겨 보며 고민하다 보면 자기도 모르게 글 실력이 향상된다. 물론 출력해서 보지 않는다고 글을 못 쓰는 것은 아니다. 책을 못 쓰는 것도 아니다. 그러나 더 좋은 글을 쓰고 싶다면, 글쓰기 실력을 더 키우고 싶다면, 좋은 문장의 책을 쓰고 싶다면, 프린터 하나쯤 장만하는 게 좋다.

소리 내어 읽으며 마무리하기

퇴고를 위해 글을 다시 읽을 때 맞춤법이나 틀린 글자는 비교적 눈에 잘 들어온다. 잘 보이지 않는 건 어색한 문장이다. 뭔가 잘못된 것 같은데 다시 봐도 잘 모르겠는, 그런 문장들은 퇴고할 때도 놓치기 쉽다.

어색한 문장은 몇 가지 유형으로 나뉜다. 앞뒤가 맞지 않는 내용, 매끄럽게 연결되지 않아서 뭔가 불편한 문장, 어순이 잘못된 문장 등이 대표적이다. 문제는 문장 자체는 틀리지 않았을 때다. 틀리지 않아서 그냥 넘어가기 쉽고 수정을 하려고 해도 어떻게 고쳐야 하는지 판단이 안 선다. 뭔가 이상한데 뭐가 잘못됐는지 모르는 아주 묘한 상황과 마주친다.

활자를 계속 눈으로만 보면 틀린 게 잘 보이지 않는다. 이상하다 싶어서 보고 또 보면 잘못된 부분을 쉽게 찾을 것 같다. 그러나 그렇지 않다. 오히려 몇 번 계속 읽다 보면 틀린 게 없는 것처럼 보인다. 문장에 대해 눈이 무뎌지는 현상이 나타나고 쉬지 않고 계속 보면 뇌의 감각이 둔해지면서 마비 직전까지 간다. '사과'라는 단어를 써놓고 계속 보고 있으면 '사'자와 '과'자는 보이는데 '사과가 뭐지?' 하는 생각이 들 때도 있다. 눈으로 활자를 볼 때 생기는 인지 마비 현상이다.

퇴고 때 뭔가 이상하다 싶으면 그냥 넘어가서는 안 된다. 그런 느낌은 문장에 뭔가 결함이 있다는 걸 알려주는 신호다. 다시 봤는데 어디가 문제인지 모르겠다면 그 문장을 입으로 소리 내어 읽어본다. 웅얼웅얼 입속으로 읽지 말고 뚜렷한 목소리로 소리 내어 읽어야 한다. 내 귀에 아주 잘 들릴 정도로 또박또박 읽는 게 중요하다.

소리 내어 읽으면 문장의 어느 부분에 문제가 있는지 쉽게 알 수 있다. 문제가 있는 부분은 읽을 때 말이 꼬이거나, 읽다가 호흡이 꼬이거나, 읽으면서도 의미가 헷갈린다. 소리 내어 읽을 때 그런 현상이 나타나면 반드시 다시 써야 한다. '틀린 건 아닌데 뭘' 하는 생각으로 그냥 넘어가지 말아야 한다.

학교 다닐 때 암기과목을 공부하면서 여러 신체 기관을 동원했던 기억이 있다. 눈으로 보고, 입으로 읽고, 손으로 쓰면서 암기하곤 했다. 눈으로 보기만 하는 건 하나의 신체 기관을 활용한 방법이다. 반면에 보고 읽고 쓰는 건 세 가지 감각 기관을 활용한다. 여기에 더해서 읽는 소리를 듣는 것까지 더해지니 네 가지 감각기관을 사용하는 셈이다. 눈, 입, 손, 귀, 네 가지 감각기관이 교차 점검을 하는 소리 내어 읽기는 활자와 문장의 오류 감별에 최고로 적합한 방법이다. 유명 작가들이 퇴고 때 소리 내어 읽는 방법을 사용하는 건 그런 이유에서다.

문장이 뭔가 이상하다 싶을 땐, 그런데 뭐가 이상한지 잘 모르겠다 싶을 땐, 지체 말고 소리 내어 그 문장을 읽어보라. 입으로 또박또박 읽으면 눈으로만 읽는 것보다 훨씬 잘 보인다. 소리 내어 읽기는 잘못된 문장, 불편한 문장, 거친 문장을 찾을 때 큰 장점이 있다. 눈으로 보기, 입으로 읽기, 손으로 쓰기, 귀로 듣기, 이렇게 다양한 감각의 활용은 퇴고의 필수 요소다.

에필로그

바야흐로 책의 시대다. 누구나 책을 쓰고 아무나 책을 낸다. 글쓰기가 일상이 되면서 글이 넘치고, 그 글이 책으로 옷을 갈아입는다. 바야흐로 글의 시대다. 유튜브 영상과 인스타그램의 사진이 대세다. 그런데 그 영상과 이미지를 글로 본다. 자막이나 글이 없으면 영상의 메시지를 놓치거나 이해하기 힘들다. 영상 만능사회에서 오히려 글의 힘이 세졌다. 블로그를 비롯해 유튜브나 인스타그램에는 글이 쌓인다. 보통 사람들의 숱한 이야기가 다양한 책으로 묶여 세상에 고개를 내민다. 글쓰기 열풍이 만든 이 시대의 모습이다.

글쓰기는 자연스럽게 책 쓰기로 이어진다. 글을 쓰다 보면 내 책을 내고 싶다는 욕망이 차오른다. 책 쓰기는 인생의 색

다른 산을 오르는 도전이다. 산의 정상에 서면 어디서도 느끼기 힘든 성취감을 맛볼 수 있다. 책을 출간하면 스스로 성장했다는 걸 확연하게 느끼게 된다. 책을 내지 못해도 손해 볼 건 없다. 책이 안 돼도 글은 남는다. 글에 빼곡히 담긴 건 바로 나다. 내가 남는다. 글쓰기와 책 쓰기는 나를 알아가는 시간이다. 나를 들여다보는 명상이고 나를 보듬는 포옹이다. 책이 되지 않아도 그 이상의 것들을 얻을 수 있다.

책을 내는 건 사실 미친 짓에 가깝다. 현실적으로 부가가치가 거의 없는 일이다. 책이 팔리지 않는 시대이니 돈이 되지 않는다. 너도나도 책을 쓰다 보니 책 한 권 냈다고 알아주는 사람도 없다. 책을 내면 인생이 바뀐다는 책 쓰기 학교의 광고도 많고, 책을 내서 돈을 무지하게 벌었다는 책도 있다. 고개가 갸웃거려지고 믿기 힘든 일이다. 그런데 출판사에서는 그런 이유로 비명을 내지른다. 똑같은 구성, 똑같은 스타일의 원고가 몰려온단다. 공식에 대입하듯 쓰는 사람의 이야기만 살짝 바꾼 원고가 쏟아진단다. 그 속엔 사람도 숨결도 정체성도 없다. 자기 이름으로 책을 내고 싶다는, 탐욕만 가득하다. 책 쓰기는 탐욕과 다른 욕망이 필요하다. 하고 싶은 이야기, 터져 나올 것 같은 목소리, 소리 지르지 않으면 내가 폭발할 것 같은 무언가가 있어야 한다. 그런 뜨거움으로 책을 낼 때 세상이 내 글에 공감하고 내 삶의 키가 자란다.

이 책을 읽고 책을 쓰겠다고 마음먹었다면, 축하한다. 당신은 이제 망했다. 책 쓰기의 고단함 속으로 들어온 것이다. 책 쓰기는 오래 고통스럽고 때때로 행복하다. 이렇게 말하면 오랜 고통에만 시선이 머문다. 그런 시선을 바꿔야 한다. 때때로 행복하다는 걸 먼저 보자. 행복할 일이 별로 없는 일상에 행복이, 그것도 때때로 찾아온다는 건 얼마나 좋은 일인가. 베스트셀러가 되지 않아도, 큰돈이 생기지 않아도, 유명인사가 못 돼도 괜찮다. 책을 쓰는 건 나를 들여다보고 삶의 방식을 바꾸는 도약대를 만드는 일이다. 행복한 고통은 충분히 즐길 만하다. 자, 이제 시작이다.

	틀린 표기		바른 표기	
1	~꺼야	(X)	~거야	(O)
2	~할께	(X)	~할게	(O)
3	가늘다랗다	(X)	가느다랗다	(O)
4	가벼히	(X)	가벼이	(O)
5	간지르다	(X)	간질이다	(O)
6	갖잖다, 가짢다	(X)	같잖다	(O)
7	갖히다	(X)	갇히다	(O)
8	개거품	(X)	게거품	(O)
9	개걸스럽다	(X)	게걸스럽다	(O)
10	개구장이	(X)	개구쟁이	(O)
11	거슬르다	(X)	거스르다	(O)
12	거칠은	(X)	거친	(O)
13	건데기	(X)	건더기	(O)
14	건들이다	(X)	건드리다	(O)
15	걷어부치다	(X)	걷어붙이다	(O)
16	걸맞는	(X)	걸맞은	(O)
17	겨땀	(X)	곁땀	(O)
18	계시판	(X)	게시판	(O)
19	고준담론	(X)	고담준론	(O)
20	고즈넉히	(X)	고즈넉이	(O)
21	고지곧대로	(X)	곧이곧대로	(O)
22	고추가루	(X)	고춧가루	(O)
23	골벵이	(X)	골뱅이	(O)
24	골아떨어지다	(X)	곯아떨어지다	(O)
25	곯탕	(X)	골탕	(O)

	틀린 표기		바른 표기	
26	곰곰히	(X)	곰곰이	(O)
27	공기밥	(X)	공깃밥	(O)
28	공항장애	(X)	공황장애	(O)
29	괄세하다	(X)	괄시하다	(O)
30	괜시리	(X)	괜스레	(O)
31	괴념치	(X)	괘념치	(O)
32	교양곡	(X)	교향곡	(O)
33	구렛나루	(X)	구레나룻	(O)
34	구지	(X)	굳이	(O)
35	궁시렁거리다	(X)	구시렁거리다	(O)
36	귀뜸	(X)	귀띔	(O)
37	귀챦다	(X)	귀찮다	(O)
38	귀향살이	(X)	귀양살이	(O)
39	귓볼	(X)	귓불	(O)
40	그닥	(X)	그다지	(O)
41	그리고 나서	(X)	그러고 나서	(O)
42	금새	(X)	금세	(O)
43	기달리다	(X)	기다리다	(O)
44	기반하다	(X)	기반을 두다	(O)
45	기여이	(X)	기어이	(O)
46	길다랗다	(X)	기다랗다	(O)
47	깊숙히	(X)	깊숙이	(O)
48	까무라치다	(X)	까무러치다	(O)
49	까발기다	(X)	까발리다	(O)
50	깔대기	(X)	깔때기	(O)
51	깔아뭉게다	(X)	깔아뭉개다	(O)
52	깜박이	(X)	깜빡이	(O)
53	깨끗히	(X)	깨끗이	(O)
54	깨닿다	(X)	깨닫다	(O)

오늘부터 쓰면 된다

	틀린 표기		바른 표기	
55	꺽다	(X)	꺾다	(O)
56	껴맞추다	(X)	꿰맞추다	(O)
57	꼬득이다	(X)	꼬드기다	(O)
58	꼬라지	(X)	꼬락서니	(O)
59	꼬매다	(X)	꿰매다	(O)
60	꼴갑	(X)	꼴값	(O)
61	꽹가리	(X)	꽹과리	(O)
62	꿰뚤다	(X)	꿰뚫다	(O)
63	끔찍히	(X)	끔찍이	(O)
64	끝발	(X)	끗발	(O)
65	끝짱	(X)	끝장	(O)
66	끝트머리	(X)	끄트머리	(O)
67	끼여들기	(X)	끼어들기	(O)
68	나꿔채다	(X)	낚아채다	(O)
69	나란이	(X)	나란히	(O)
70	나르시스트	(X)	나르시시스트	(O)
71	나름	(X)	나름대로	(O)
72	나뭇꾼	(X)	나무꾼	(O)
73	나지막히	(X)	나지막이	(O)
74	나침판	(X)	나침반	(O)
75	날라가다	(X)	날아가다	(O)
76	날으는 (비행기)	(X)	나는 (비행기)	(O)
77	납짝하다	(X)	납작하다	(O)
78	낭떨어지	(X)	낭떠러지	(O)
79	내노라하다	(X)	내로라하다	(O)
80	낸들	(X)	난들	(O)
81	너댓	(X)	네댓	(O)
82	널부러지다	(X)	널브러지다	(O)
83	넓다랗다	(X)	널따랗다	(O)

	틀린 표기		바른 표기	
84	넓직한	(X)	널찍한	(O)
85	넙적다리	(X)	넓적다리	(O)
86	노랑색	(X)	노란색	(O)
87	노래말	(X)	노랫말	(O)
88	노쇄	(X)	노쇠	(O)
89	뇌졸증	(X)	뇌졸중	(O)
90	누래지다	(X)	누레지다	(O)
91	눈꼴시리다	(X)	눈꼴시다	(O)
92	눈쌀	(X)	눈살	(O)
93	눌러붙다	(X)	눌어붙다	(O)
94	느즈막하다	(X)	느지막하다	(O)
95	느지막히	(X)	느지막이	(O)
96	늙으막	(X)	늘그막	(O)
97	다리다(약을)	(X)	달이다(약을)	(O)
98	닥달하다	(X)	닦달하다	(O)
99	단발마	(X)	단말마	(O)
100	단백하다	(X)	담백하다	(O)
101	단언컨데	(X)	단언컨대	(O)
102	단촐하다	(X)	단출하다	(O)
103	달달이	(X)	다달이	(O)
104	달디달다	(X)	다디달다	(O)
105	닭계장	(X)	닭개장	(O)
106	담구다(김치를)	(X)	담그다(김치를)	(O)
107	당췌	(X)	당최	(O)
108	대게	(X)	대개	(O)
109	대중요법	(X)	대증요법	(O)
110	대채	(X)	대체	(O)
111	댓가	(X)	대가	(O)
112	더우기	(X)	더욱이	(O)

오늘부터 쓰면 된다

	틀린 표기		바른 표기	
113	덥밥	(X)	덮밥	(O)
114	덥썩	(X)	덥석	(O)
115	덥치다	(X)	덮치다	(O)
116	덧글	(X)	댓글	(O)
117	도데체	(X)	도대체	(O)
118	도르레	(X)	도르래	(O)
119	도찐개찐	(X)	도긴개긴	(O)
120	독고노인	(X)	독거노인	(O)
121	돋구다	(X)	돋우다(입맛을)	(O)
122	돌맹이	(X)	돌멩이	(O)
123	돌뿌리	(X)	돌부리	(O)
124	되갚음	(X)	대갚음	(O)
125	되뇌이다	(X)	되뇌다	(O)
126	되려	(X)	되레	(O)
127	되물림	(X)	대물림	(O)
128	두더쥐	(X)	두더지	(O)
129	둘러쌓이다	(X)	둘러싸이다	(O)
130	뒤부분	(X)	뒷부분	(O)
131	뒤쳐지다	(X)	뒤처지다	(O)
132	뒤치닥거리	(X)	뒤치다꺼리	(O)
133	뒷굼치, 뒷꿈치	(X)	뒤꿈치	(O)
134	뒷통수	(X)	뒤통수	(O)
135	뒷풀이	(X)	뒤풀이	(O)
136	들어나다	(X)	드러나다	(O)
137	들어내다	(X)	드러내다(본색을)	(O)
138	들이분다	(X)	들이붓다	(O)
139	딸래미	(X)	딸내미	(O)
140	때쓰다	(X)	떼쓰다	(O)
141	땟목	(X)	뗏목	(O)

	틀린표기		바른표기	
142	떠날려고	(X)	떠나려고	(O)
143	떠올릴려고	(X)	떠올리려고	(O)
144	떡볶기	(X)	떡볶이	(O)
145	떫떠름하다	(X)	떨떠름하다	(O)
146	또아리	(X)	똬리	(O)
147	띄워쓰기, 띠어쓰기	(X)	띄어쓰기	(O)
148	띠엄띠엄	(X)	띄엄띄엄	(O)
149	로맨시스트	(X)	로맨티시스트	(O)
150	마뜩찮다	(X)	마뜩잖다	(O)
151	말맞다나, 말맞따나	(X)	말마따나	(O)
152	말아	(X)	마	(O)
153	말아라	(X)	마라	(O)
154	말아요	(X)	마요	(O)
155	망막하다	(X)	막막하다	(O)
156	망칙하다	(X)	망측하다	(O)
157	매마르다	(X)	메마르다	(O)
158	맥아리	(X)	매가리	(O)
159	맨얼굴	(X)	민얼굴	(O)
160	멀건히	(X)	멀거니	(O)
161	멋드러지다	(X)	멋들어지다	(O)
162	멋적다	(X)	멋쩍다	(O)
163	몇일	(X)	며칠	(O)
164	모듬회	(X)	모둠회	(O)
165	모자르다, 모잘라다	(X)	모자라다	(O)
166	목욕재개	(X)	목욕재계	(O)
167	몰아부치다	(X)	몰아붙이다	(O)
168	못쓸	(X)	몹쓸	(O)
169	무뇌한	(X)	문외한	(O)
170	무릎쓰다	(X)	무릅쓰다	(O)

	틀린 표기		바른 표기	
171	무릎팍	(X)	무르팍	(O)
172	무사이	(X)	무사히	(O)
173	문안	(X)	무난(하다)	(O)
174	물럿거라	(X)	물렀거라	(O)
175	뭉게지다	(X)	뭉개지다	(O)
176	미끌어지다	(X)	미끄러지다	(O)
177	미쳐	(X)	미처	(O)
178	바껴	(X)	바뀌어	(O)
179	바램	(X)	바람	(O)
180	반댓말	(X)	반대말	(O)
181	반지고리	(X)	반짇고리	(O)
182	받아드리다	(X)	받아들이다	(O)
183	발자욱	(X)	발자국	(O)
184	방방곳곳	(X)	방방곡곡	(O)
185	배짱이	(X)	베짱이	(O)
186	백분률	(X)	백분율	(O)
187	벌개지다	(X)	벌게지다	(O)
188	벌칙금	(X)	범칙금	(O)
189	벗꽃	(X)	벚꽃	(O)
190	베게, 배개	(X)	베개	(O)
191	벼라별, 벼레별	(X)	별별	(O)
192	벼란간	(X)	별안간	(O)
193	별르다	(X)	벼르다	(O)
194	별에별	(X)	별의별	(O)
195	병구환	(X)	병구완	(O)
196	복걸복	(X)	복불복	(O)
197	복받히다	(X)	복받치다	(O)
198	본떼	(X)	본때	(O)
199	볼성사납다	(X)	볼썽사납다	(O)

	틀린 표기		바른 표기	
200	봉숭화	(X)	봉숭아	(O)
201	뵈요	(X)	봬요	(O)
202	부과세	(X)	부가세	(O)
203	부비다	(X)	비비다	(O)
204	부셔	(X)	부수어	(O)
205	부주	(X)	부조	(O)
206	부추키다	(X)	부추기다	(O)
207	부폐	(X)	부패	(O)
208	북받히다	(X)	북받치다	(O)
209	북세통	(X)	북새통	(O)
210	불이나케	(X)	부리나케	(O)
211	비뚜루	(X)	비뚜로	(O)
212	비로서	(X)	비로소	(O)
213	비젼	(X)	비전	(O)
214	빈털털이	(X)	빈털터리	(O)
215	뻐꾹이	(X)	뻐꾸기	(O)
216	뻣대다	(X)	뻗대다	(O)
217	뽀개다	(X)	빠개다	(O)
218	사단	(X)	사달	(O)
219	사둔	(X)	사돈	(O)
220	사죽	(X)	사족	(O)
221	사흘날	(X)	사흗날	(O)
222	삭월세	(X)	사글세	(O)
223	산수갑산	(X)	삼수갑산	(O)
224	삵쾡이	(X)	살쾡이	(O)
225	삼가하다	(X)	삼가다	(O)
226	삼춘	(X)	삼촌	(O)
227	새침떼기	(X)	새침데기	(O)
228	생사여탈	(X)	생살여탈	(O)

오늘부터 쓰면 된다

	틀린 표기		바른 표기	
229	서슴치	(X)	서슴지	(O)
230	설겆이	(X)	설거지	(O)
231	설레이다	(X)	설레다	(O)
232	설레임	(X)	설렘	(O)
233	섯달그믐	(X)	섣달그믐	(O)
234	섯불리	(X)	섣불리	(O)
235	성대묘사	(X)	성대모사	(O)
236	세다(설을)	(X)	쇠다(설을)	(O)
237	소갯말	(X)	소개말	(O)
238	소시적	(X)	소싯적	(O)
239	속알딱지	(X)	소갈딱지	(O)
240	손사레	(X)	손사래	(O)
241	손구치다	(X)	솟구치다	(O)
242	솔나무	(X)	소나무	(O)
243	솔직이	(X)	솔직히	(O)
244	수구리다	(X)	수그리다	(O)
245	수근거리다	(X)	수군거리다	(O)
246	수도물	(X)	수돗물	(O)
247	수돗세	(X)	수도세	(O)
248	수북히	(X)	수북이	(O)
249	수자	(X)	숫자	(O)
250	숫가락	(X)	숟가락	(O)
251	숯돌	(X)	숫돌	(O)
252	쉽상	(X)	십상	(O)
253	승락	(X)	승낙	(O)
254	시덥잖다	(X)	시답잖다	(O)
255	신출나기	(X)	신출내기	(O)
256	실증	(X)	싫증	(O)
257	쌍커풀	(X)	쌍꺼풀	(O)

	틀린 표기		바른 표기	
258	쌩뚱맞다	(X)	생뚱맞다	(O)
259	써 있다	(X)	쓰여 있다	(O)
260	썪다	(X)	썩다	(O)
261	쏟아붇다	(X)	쏟아붓다	(O)
262	쑥맥	(X)	숙맥	(O)
263	씨부리다	(X)	씨불이다	(O)
264	아니여요	(X)	아니어요	(O)
265	아니예요	(X)	아니에요	(O)
266	아다시피	(X)	알다시피	(O)
267	아둥바둥	(X)	아등바등	(O)
268	아마쥬어	(X)	아마추어	(O)
269	아뭇튼	(X)	아무튼	(O)
270	악천우	(X)	악천후	(O)
271	안성마춤	(X)	안성맞춤	(O)
272	안스럽다	(X)	안쓰럽다	(O)
273	안절부절하다	(X)	안절부절못하다	(O)
274	안팍	(X)	안팎	(O)
275	앉히다(밥을)	(X)	안치다(밥을)	(O)
276	알맞는	(X)	알맞은	(O)
277	압장서다	(X)	앞장서다	(O)
278	앞정	(X)	압정	(O)
279	앞존법	(X)	압존법	(O)
280	애꿋다	(X)	애꿎다	(O)
281	애닲다	(X)	애달프다	(O)
282	애띠다	(X)	앳되다	(O)
283	애띤	(X)	앳된	(O)
284	애시당초	(X)	애당초	(O)
285	야밤도주	(X)	야반도주	(O)
286	얄궂다	(X)	얄궂다	(O)

오늘부터 쓰면 된다

	틀린 표기		바른 표기	
287	얇팍하다	(X)	얄팍하다	(O)
288	얕트막하다	(X)	야트막하다	(O)
289	어따 대고	(X)	얻다 대고	(O)
290	어떠튼	(X)	어떻든	(O)
291	어리버리	(X)	어리바리	(O)
292	어물쩡	(X)	어물쩍	(O)
293	어울어지다	(X)	어우러지다	(O)
294	어의없다	(X)	어이없다	(O)
295	어줍잖다	(X)	어쭙잖다	(O)
296	어짜피	(X)	어차피	(O)
297	어쨋든	(X)	어쨌든	(O)
298	어패	(X)	어폐	(O)
299	언쳐살다	(X)	얹혀살다	(O)
300	얼만큼	(X)	얼마큼	(O)
301	얼차레	(X)	얼차려	(O)
302	얼키고설키다	(X)	얽히고설키다	(O)
303	얼키다	(X)	얽다	(O)
304	얽메이다	(X)	얽매이다	(O)
305	엄한	(X)	애먼	(O)
306	없슴	(X)	없음	(O)
307	엇그제	(X)	엊그제	(O)
308	에리다	(X)	아리다	(O)
309	에워쌓이다	(X)	에워싸이다	(O)
310	엥간하다, 엉간하다	(X)	엔간하다	(O)
311	여이다	(X)	여의다	(O)
312	여지껏	(X)	여태껏	(O)
313	역활	(X)	역할	(O)
314	연필깎기	(X)	연필깎이	(O)
315	염두하다	(X)	염두에 두다	(O)

	틀린 표기		바른 표기	
316	염치불구	(X)	염치불고	(O)
317	영원이	(X)	영원히	(O)
318	예사일	(X)	예삿일	(O)
319	예삿소리	(X)	예사소리	(O)
320	옛다	(X)	옜다	(O)
321	옛스럽다	(X)	예스럽다	(O)
322	오똑하다	(X)	오뚝하다	(O)
323	오뚜기	(X)	오뚝이	(O)
324	오랜동안	(X)	오랫동안	(O)
325	오랫만	(X)	오랜만	(O)
326	오무리다	(X)	오므리다	(O)
327	오지랍	(X)	오지랖	(O)
328	옭죄다	(X)	옥죄다	(O)
329	옳바르다	(X)	올바르다	(O)
330	옴싹달싹	(X)	옴짝달싹	(O)
331	완전	(X)	완전히	(O)
332	왠걸	(X)	웬걸	(O)
333	왠만하면	(X)	웬만하면	(O)
334	왠일이니	(X)	웬일이니	(O)
335	외곬수	(X)	외골수	(O)
336	왼종일	(X)	온종일	(O)
337	요세	(X)	요새	(O)
338	요컨데	(X)	요컨대	(O)
339	우겨넣다	(X)	욱여넣다	(O)
340	우뢰(와 같은 박수)	(X)	우레(와 같은 박수)	(O)
341	욱박지르다	(X)	윽박지르다	(O)
342	울궈먹다	(X)	우려먹다	(O)
343	움추리다	(X)	움츠리다	(O)
344	웃도리	(X)	윗도리	(O)

	틀린표기		바른표기	
345	웅큼	(X)	움큼	(O)
346	원할하다	(X)	원활하다	(O)
347	웬간히	(X)	엔간히	(O)
348	웬지 (슬프다)	(X)	왠지 (슬프다)	(O)
349	윗돈	(X)	웃돈	(O)
350	윗어른	(X)	웃어른	(O)
351	윗층	(X)	위층	(O)
352	윗통	(X)	웃통	(O)
353	유도심문	(X)	유도신문	(O)
354	유래없다	(X)	유례없다	(O)
355	육계장	(X)	육개장	(O)
356	으례	(X)	으레	(O)
357	으시대다	(X)	으스대다	(O)
358	은근	(X)	은근히	(O)
359	응큼하다	(X)	엉큼하다	(O)
360	이제사, 이제서야	(X)	이제야	(O)
361	인권비	(X)	인건비	(O)
362	인삿말	(X)	인사말	(O)
363	일각연	(X)	일가견	(O)
364	일부로	(X)	일부러	(O)
365	일사분란	(X)	일사불란	(O)
366	일일히	(X)	일일이	(O)
367	일찌기	(X)	일찍이	(O)
368	임마	(X)	인마	(O)
369	있슴	(X)	있음	(O)
370	자그만치	(X)	자그마치	(O)
371	자리보존	(X)	자리보전	(O)
372	자초지정	(X)	자초지종	(O)
373	잘디잘다	(X)	자디잘다	(O)

	틀린 표기		바른 표기	
374	잠구다	(X)	잠그다	(O)
375	잡을려고	(X)	잡으려고	(O)
376	장농	(X)	장롱	(O)
377	장단지	(X)	장딴지	(O)
378	장마비	(X)	장맛비	(O)
379	장사속	(X)	장삿속	(O)
380	재털이	(X)	재떨이	(O)
381	저넉	(X)	저녁	(O)
382	저질르다	(X)	저지르다	(O)
383	저희 나라	(X)	우리나라	(O)
384	전세집	(X)	전셋집	(O)
385	절대절명	(X)	절체절명	(O)
386	절립선	(X)	전립선	(O)
387	정답을 맞추다	(X)	정답을 맞히다	(O)
388	젖가락	(X)	젓가락	(O)
389	젖갈	(X)	젓갈	(O)
390	제사날	(X)	제삿날	(O)
391	제작년	(X)	재작년	(O)
392	져버리다	(X)	저버리다	(O)
393	조용이	(X)	조용히	(O)
394	존대말	(X)	존댓말	(O)
395	졸립다	(X)	졸리다	(O)
396	죄값	(X)	죗값	(O)
397	주야장창, 주구장창	(X)	주야장천	(O)
398	주책이다	(X)	주책없다	(O)
399	줏어	(X)	주워	(O)
400	중구남방	(X)	중구난방	(O)
401	쥬스	(X)	주스	(O)
402	지꺼리다	(X)	지껄이다	(O)

오늘부터 쓰면 된다

	틀린 표기		바른 표기	
403	집개	(X)	집게	(O)
404	짓꺼리	(X)	짓거리	(O)
405	짖궂다	(X)	짓궂다	(O)
406	짖누르다	(X)	짓누르다	(O)
407	짖밟다	(X)	짓밟다	(O)
408	짜집기	(X)	짜깁기	(O)
409	짜투리	(X)	자투리	(O)
410	짧다랗다	(X)	짤따랗다	(O)
411	짭잘하다	(X)	짭짤하다	(O)
412	짱아찌	(X)	장아찌	(O)
413	째째하다	(X)	쩨쩨하다	(O)
414	쪽집게	(X)	족집게	(O)
415	쭈꾸미	(X)	주꾸미	(O)
416	찌게	(X)	찌개	(O)
417	찌들리다	(X)	찌들다	(O)
418	찌뿌등하다	(X)	찌뿌둥하다	(O)
419	찝적대다	(X)	찝쩍대다	(O)
420	착찹하다	(X)	착잡하다	(O)
421	착출	(X)	차출	(O)
422	찰라	(X)	찰나	(O)
423	채였다	(X)	차였다	(O)
424	채이다	(X)	차이다	(O)
425	챗바퀴	(X)	쳇바퀴	(O)
426	처가집	(X)	처갓집	(O)
427	천장부지	(X)	천정부지	(O)
428	천정	(X)	천장	(O)
429	철닥서니	(X)	철딱서니	(O)
430	철썩같다	(X)	철석같다	(O)
431	체택	(X)	채택	(O)

	틀린 표기		바른 표기	
432	쳐먹다	(X)	처먹다	(O)
433	쳐지다	(X)	처지다	(O)
434	초생달	(X)	초승달	(O)
435	추기금	(X)	축의금	(O)
436	추슬르다, 추슬리다	(X)	추스르다	(O)
437	치고박다	(X)	치고받다	(O)
438	치루다	(X)	치르다	(O)
439	칠칠맞다	(X)	칠칠치 못하다	(O)
440	칠흙	(X)	칠흑	(O)
441	캐캐묵다	(X)	케케묵다	(O)
442	캡쳐	(X)	캡처	(O)
443	캥기다	(X)	켕기다	(O)
444	콧털	(X)	코털	(O)
445	퀘퀘하다	(X)	퀴퀴하다	(O)
446	타일르다	(X)	타이르다	(O)
447	텃새	(X)	텃세	(O)
448	텔레비젼	(X)	텔레비전	(O)
449	통채로	(X)	통째로	(O)
450	통털어	(X)	통틀어	(O)
451	퉁퉁 분(라면)	(X)	퉁퉁 불은(라면)	(O)
452	트름	(X)	트림	(O)
453	파토	(X)	파투	(O)
454	파해치다	(X)	파헤치다	(O)
455	판대기	(X)	판때기	(O)
456	패였다(땅이)	(X)	파였다(땅이)	(O)
457	팽게치다	(X)	팽개치다	(O)
458	퍼분다	(X)	퍼붓다	(O)
459	평양감사	(X)	평안감사	(O)
460	폐가망신	(X)	패가망신	(O)

오늘부터 쓰면 된다

	틀린 표기		바른 표기	
461	폐륜	(X)	패륜	(O)
462	폐륜아	(X)	패륜아	(O)
463	폐쇄공포증	(X)	폐소공포증	(O)
464	폐쇠	(X)	폐쇄	(O)
465	폐악	(X)	패악	(O)
466	포복졸도	(X)	포복절도	(O)
467	폭팔	(X)	폭발	(O)
468	풍지박산	(X)	풍비박산	(O)
469	하건데	(X)	하건대	(O)
470	하기사	(X)	하기야	(O)
471	하마트면	(X)	하마터면	(O)
472	한갖	(X)	한갓	(O)
473	한겨례	(X)	한겨레	(O)
474	할 꺼야	(X)	할 거야	(O)
475	할께	(X)	할게	(O)
476	할래야	(X)	하려야	(O)
477	할런지, 할른지	(X)	할는지	(O)
478	할려거든	(X)	하려거든	(O)
479	할일없이	(X)	하릴없이	(O)
480	할진데	(X)	할진대	(O)
481	함부러	(X)	함부로	(O)
482	해괴망칙	(X)	해괴망측	(O)
483	해까닥	(X)	회까닥	(O)
484	해꼬지	(X)	해코지	(O)
485	해프다	(X)	헤프다	(O)
486	핼쑥하다	(X)	핼쓱하다	(O)
487	햇갈리다, 헛갈리다	(X)	헷갈리다	(O)
488	햇님	(X)	해님	(O)
489	햇쌀	(X)	햅쌀	(O)

	틀린 표기		바른 표기	
490	행가래	(X)	헹가래	(O)
491	허구헌 날	(X)	허구한 날	(O)
492	허래허식	(X)	허레허식	(O)
493	허투로	(X)	허투루	(O)
494	헝겁	(X)	헝겊	(O)
495	헤매이다	(X)	헤매다	(O)
496	혼날려고	(X)	혼나려고	(O)
497	혼자말	(X)	혼잣말	(O)
498	혼줄나다	(X)	혼쭐나다	(O)
499	홀홀단신	(X)	혈혈단신	(O)
500	화룡정점	(X)	화룡점정	(O)
501	환골탈퇴	(X)	환골탈태	(O)
502	활부	(X)	할부	(O)
503	홧병	(X)	화병	(O)
504	황당무개하다	(X)	황당무계하다	(O)
505	회손	(X)	훼손	(O)
506	회수	(X)	횟수	(O)
507	횡패	(X)	행패	(O)
508	횡하다	(X)	휑하다	(O)
509	후뚜루마뚜루	(X)	휘뚜루마뚜루	(O)
510	후추가루	(X)	후춧가루	(O)
511	후한	(X)	후환	(O)
512	휴계실	(X)	휴게실	(O)
513	흉칙하다	(X)	흉측하다	(O)
514	흐리멍텅하다	(X)	흐리멍덩하다	(O)
515	흠짓	(X)	흠집	(O)
516	희안하다	(X)	희한하다	(O)
517	히귀하다	(X)	희귀하다	(O)
518	히히덕거리다	(X)	시시덕거리다	(O)